英語で伝える
日本のこころ Basic Guide
SOUL of JAPAN 公式ガイドブック

はじめに

　20年に1度、社殿から神宝に至る全てを一新する伊勢神宮最大の行事「式年遷宮」。平成25年10月、第62回式年遷宮のクライマックスである御正宮の「遷御の儀」が、秋の夜の清らかな暗闇の中、厳かに斎行されました。

　神社本庁では平成25年3月、そうした伊勢神宮の遷宮を広報する活動の一環として、伊勢神宮と伊勢神宮式年遷宮広報本部の協力のもと、外国人に神社や神道、また式年遷宮に関する基礎的な情報を、外国人視点でできるだけ平易な表現で説明した『SOUL of JAPAN』を発行しました。同書のデジタル版をインターネットで公開したところ、世界中から1年で300万件以上のダウンロードを記録し、神社や神道といった日本文化への関心の高さが改めて実感されました。

　このように国際的な関心が高まる昨今、日本を訪れる外国人の数も増え、神社や神道について説明する機会も多くなってきています。しかし神社のことについては専門的な知識も必要となるため、正確な英訳はなかなか難しいものです。

　この本は外国人向けに作られた『SOUL of JAPAN』を基に、単なる対訳にとどまらず、その内容がなぜそのように書かれているのか、またどのように訳したら良いかを、日本文化や神道に関する情報を交えながら解説しています。

　本書が日本文化を英語で正しく伝えるための考え方を御理解いただく一助となり、日本を訪れる外国人に日本の心をより深く感じていただけることを願ってやみません。

神社本庁

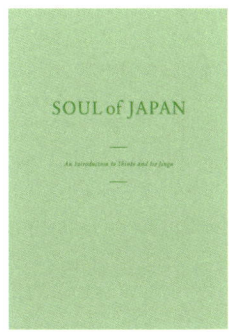 

📝 本書の使い方

本書は『SOUL of JAPAN』を基に、英語で神社や神道といった日本の文化について伝える際の考え方を解説しています。

1 本文

『SOUL of JAPAN』の本文がそのまま掲載されています。①、②…の番号は、次ページからの解説に付いた番号と一致しています。
まずは英語で読んでみましょう。

2 語句の解説

説明が必要と思われる語句を掲載しています。
(名=名詞、動=動詞、形=形容詞、副=副詞、接=接続詞、前=前置詞、熟=熟語)

3 解説

本文の重要な箇所について、その意味や考え方を詳しく解説しています。①、②…の番号は、本文に付いている番号に対応しています。

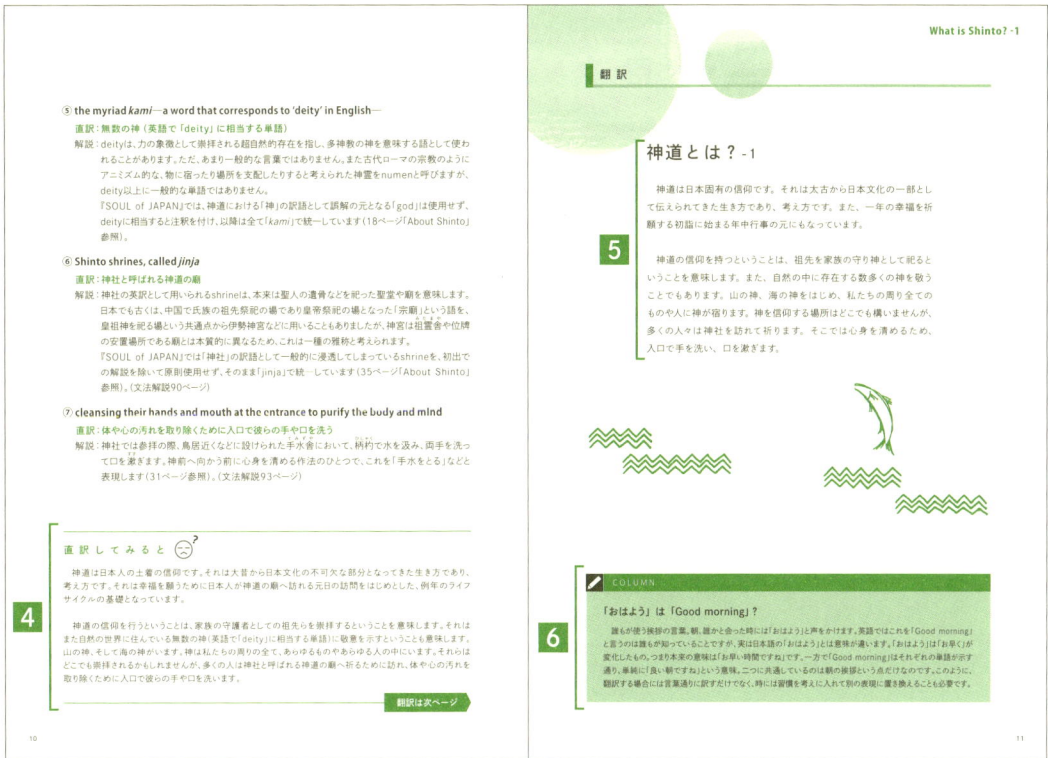

4 直訳してみると

全文を文法通りに直訳した場合の例を載せています。

5 翻訳文

本文の内容を日本語に翻訳しています。翻訳をする際の一例として、英文の意味を確認するのに役立ててください。

6 コラム

神社や神道についてさらに詳しい事柄や、英語に関する知識などを紹介しています。

このほか、英語の勉強を始めて間もない人にはやや難しいと思われる文法の解説や語句の索引、参拝作法の説明方法なども収録しています。

SOUL of JAPAN

神社・神道についての正しい知識普及のため、第62回伊勢神宮式年遷宮の広報活動の一環として平成25年3月、神宮司庁（伊勢神宮の事務機関）と伊勢神宮式年遷宮広報本部協力のもと製作・発行。A5判55ページ。神社や神道、式年遷宮に関する基礎的な情報を、外国人の視点からできるだけ平易な表現で説明しており、広報本部の公式ウェブサイトにアップされたデジタル版は1年で300万を超えるダウンロード数となった。現在は神社本庁のウェブサイトで公開されている。

詳しくはウェブで検索　｜神社本庁｜　検索

CONTENTS 目次

1. What is Shinto?
Part 1 ·· P.8
Part 2 ·· P.12

2. Kami
Part 1 ·· P.16
Part 2 ·· P.20

3. Matsuri
Part 1 ·· P.24
Part 2 ·· P.28
手水の仕方を説明しましょう ······················ P.31

4. Jinja
Part 1 ·· P.32
Part 2 ·· P.36
参拝の仕方を説明しましょう ······················ P.39

5. The Divine Age
The Divine Age ·· P.40

6. Amano-Iwato, The Celestial Cave
Part 1 ·· P.44
Part 2 ·· P.48

7. Ninigi-no-Mikoto
    Part 1 ·· P.52
    Part 2 ·· P.56

8. Ise-Jingu
    Ise-Jingu ·· P.60

9. The Enshrinement of Amaterasu-Omikami at Jingu
    Part 1 ·· P.64
    Part 2 ·· P.68

10. Matsuri at Jingu
    Part 1 ·· P.72
    Part 2 ·· P.76
        神棚について説明しましょう ················ P.79

11. Shikinen Sengu
    Part 1 ·· P.80
    Part 2 ·· P.84

文法解説 ·· P.88
単語索引 ·· P.94

1 What is Shinto? -1

　　Shinto is the indigenous faith of the Japanese. It is a way of life and a way of thinking that has been ①an integral part of Japanese culture since ancient times. It is the foundation for the yearly life-cycles, beginning with ②the New Year's Day visit Japanese pay to a Shinto shrine to wish for good luck.

　　③Observing the Shinto faith means worshipping ancestors as ④guardians of the family. It also means showing respect for ⑤the myriad *kami*—a word that corresponds to 'deity' in English—residing in the natural world. There are *kami* of the mountains, and *kami* of the sea. *Kami* are all around us, in every thing and every person. They may be worshipped anywhere, but many people visit ⑥Shinto shrines, called *jinja*, to pray, ⑦cleansing their hands and mouth at the entrance to purify the body and mind.

語句の解説

indigenous 形 固有の、土着の ／ faith 名 信仰 ／ integral 形 不可欠な、必須の ／ ancient 形 古代の、大昔の ／ foundation 名 土台、基礎 ／ yearly 形 例年の ／ shrine 名 聖堂、廟 ／ observe 動 (儀式などを)行う ／ worship 動 崇拝する ／ ancestor 名 先祖、祖先 ／ guardian 名 保護者、守護者 ／ myriad 形 無数の ／ correspond to 動 ～に相当する ／ deity 名 神、神霊 ／ reside 動 住む ／ pray 動 祈る ／ cleanse 動 洗う ／ purify 動 汚れを取り除く

What is Shinto? -1

解説

① an integral part of Japanese culture

直訳：日本文化の不可欠な部分

解説：不可欠な部分であるということは必ずその一部を成していると考え、本書では自然な表現として「日本文化の一部」と翻訳しています。

② the New Year's Day visit Japanese pay to Shinto shrine to wish for good luck

直訳：幸福を願うために日本人が神道の廟へ訪れる元日の訪問

解説：つまり初詣のことですが、この文は関係代名詞が省略されているため、構造がわかりづらくなっています。

the New Year's Day visit **that** Japanese pay to Shinto shrine / to wish for good luck
というように関係代名詞を追加し、文を分解すると理解しやすくなります。
さらに構造を組み替えると次のようになります。

Japanese people pay the New Year's Day visit to Shinto shrine to wish for good luck
payにはさまざまな意味があり、pay + visitでは「訪問する」という意味になります。英語には日本語の「参拝する」のような、宗教施設を訪れて拝む（または祈る）という内容まで含んだ単語が無く、訪れることに着目すればvisit、礼拝することに重きを置くのであればworshipを用います。例えば神社の拝殿前などで「参拝作法は…」と説明する場合は、visitよりworshipが適切です（参拝作法については39ページ参照）。（文法解説90ページ）

③ Observing the Shinto faith

直訳：神道の信仰を行うということ

解説：動詞observeにはさまざまな意味があり、本書では全体の意味を考えて「（儀式などを）行う」をあてています。observeは比較的固い表現で、have faith（信仰を持つ）と言うより実践していることを強調できます。ただ、「信仰を行う」という表現は日本語として不自然なので、本書ではより自然な日本語として「神道の信仰を持つということ」と翻訳しています。

なお、ここでは初出ということでShintoの後にfaithを付け、信仰であることを強調しています。faithの類語のreligionは体系化・組織化された信仰という意味があり、「神道の信仰」はもう少し広い信仰心を表しているため、faithを用いているのです。

④ guardians of the family

直訳：家族の守護者

解説：guardianは「保護者」や「後見人」などという意味です。本来「神」という意味は含みませんが、本書ではご先祖様が見守ってくれているという感覚を大切にして「守り神」と翻訳しています。ただし、guardian deityとまでしてしまうと「ご先祖様」という身近な感覚が消えてしまうため、あえてguardianとだけ表現しているのです。

なおキリスト教では、個人を守り導く天使を「守護天使（guardian angel）」、特定の職業や地域を守る聖人を「守護聖人（patron saint）」と言い、翻訳の参考になります。

⑤ **the myriad *kami*—a word that corresponds to 'deity' in English—**
　直訳：無数の神（英語で「deity」に相当する単語）
　解説：deityは、力の象徴として崇拝される超自然的存在を指し、多神教の神を意味する語として使われることがあります。ただ、あまり一般的な言葉ではありません。また古代ローマの宗教のようにアニミズム的な、物に宿ったり場所を支配したりすると考えられた神霊をnumenと呼びますが、deity以上に一般的な単語ではありません。
　　　　『SOUL of JAPAN』では、神道における「神」の訳語として誤解の元となる「god」は使用せず、deityに相当すると注釈を付け、以降は全て「kami」で統一しています（18ページ「About Shinto」参照）。

⑥ **Shinto shrines, called *jinja***
　直訳：神社と呼ばれる神道の廟
　解説：神社の英訳として用いられるshrineは、本来は聖人の遺骨などを祀った聖堂や廟を意味します。日本でも古くは、中国で氏族の祖先祭祀の場であり皇帝祭祀の場となった「宗廟」という語を、皇祖神を祀る場という共通点から伊勢神宮などに用いることもありましたが、神宮は祖霊舎や位牌の安置場所である廟とは本質的に異なるため、これは一種の雅称と考えられます。
　　　　『SOUL of JAPAN』では「神社」の訳語として一般的に浸透してしまっているshrineを、初出での解説を除いて原則使用せず、そのまま「jinja」で統一しています（35ページ「About Shinto」参照）。（文法解説90ページ）

⑦ **cleansing their hands and mouth at the entrance to purify the body and mind**
　直訳：体や心の汚れを取り除くために入口で彼らの手や口を洗う
　解説：神社では参拝の際、鳥居近くなどに設けられた手水舎において、柄杓で水を汲み、両手を洗って口を漱ぎます。神前へ向かう前に心身を清める作法のひとつで、これを「手水をとる」などと表現します（31ページ参照）。（文法解説93ページ）

直訳してみると

　神道は日本人の土着の信仰です。それは大昔から日本文化の不可欠な部分となってきた生き方であり、考え方です。それは幸福を願うために日本人が神道の廟へ訪れる元日の訪問をはじめとした、例年のライフサイクルの基礎となっています。

　神道の信仰を行うということは、家族の守護者としての祖先らを崇拝するということを意味します。それはまた自然の世界に住んでいる無数の神（英語で「deity」に相当する単語）に敬意を示すということも意味します。山の神、そして海の神がいます。神は私たちの周りの全て、あらゆるものやあらゆる人の中にいます。それらはどこでも崇拝されるかもしれませんが、多くの人は神社と呼ばれる神道の廟へ祈るために訪れ、体や心の汚れを取り除くために入口で彼らの手や口を洗います。

翻訳は次ページ

翻訳

神道とは？-1

　神道は日本固有の信仰です。それは太古から日本文化の一部として伝えられてきた生き方であり、考え方です。また、一年の幸福を祈願する初詣に始まる年中行事の元にもなっています。

　神道の信仰を持つということは、祖先を家族の守り神として祀るということを意味します。また、自然の中に存在する数多くの神を敬うことでもあります。山の神、海の神をはじめ、私たちの周り全てのものや人に神が宿ります。神を信仰する場所はどこでも構いませんが、多くの人々は神社を訪れて祈ります。そこでは心身を清めるため、入口で手を洗い、口を漱ぎます。

COLUMN

「おはよう」は「Good morning」？

　誰もが使う挨拶の言葉。朝、誰かと会った時には「おはよう」と声をかけます。英語ではこれを「Good morning」と言うのは誰もが知っていることですが、実は日本語の「おはよう」とは意味が違います。「おはよう」は「お早く」が変化したもの。つまり本来の意味は「お早い時間ですね」です。一方で「Good morning」はそれぞれの単語が示す通り、単純に「良い朝ですね」という意味。二つに共通しているのは朝の挨拶という点だけなのです。このように、翻訳する場合には言葉通りに訳すだけでなく、時には習慣を考えに入れて別の表現に置き換えることも必要です。

1 What is Shinto? -2

⁸Shinto places great value in the virtues of purity and honesty, yet as a faith, ⁹Shinto has no dogma, doctrine, or founder. Its origins can be seen in the relationship between the ancient Japanese and the power they found in the natural world. It is a relationship that continues to this day, defined by a great reverence for nature's strength, and gratitude for nature's bounty. ¹⁰Only by both receiving the blessings of nature and accepting its rage can we maintain a harmonious connection to the world around us.

¹¹Shinto has shaped the past as an integral part of Japan's cultural heritage. It will continue to shape the future through the deep influence it exerts on Japanese thought. Yet, as a fundamental aspect of daily life in Japan, the focus of Shinto is on the present. For honoring the *kami*, and receiving their blessings, ¹²there is no time but now.

語句の解説

place 動 置く ／ virtue 名 美徳、徳目 ／ purity 名 清らかさ ／ honesty 名 正直さ ／ dogma 名 教義 ／ doctrine 名 教理 ／ founder 名 創設者、開祖 ／ define 動 定義する ／ reverence 名 尊敬、畏敬の念 ／ gratitude 名 感謝の気持ち ／ bounty 名 恵み ／ blessing 名 祝福、恩恵 ／ accept 動 受ける、受け入れる ／ rage 名 怒り、猛威 ／ maintain 動 維持する ／ harmonious 形 調和のとれた ／ shape 動 形作る ／ heritage 名 遺産、伝統 ／ exert 動 及ぼす ／ aspect 名 様子、側面 ／ present 名 現在 ／ honor 動 敬う、崇める

What is Shinto? -2

> 解 説

⑧ **Shinto places great value in the virtues of purity and honesty**

直訳：神道は清らかさや正直さという徳目の中に大きな価値を置く

解説：動詞のplaceは「置く」や「据える」という意味です。本書では平易な表現として「神道は清らかさと正直さを大切にします」と翻訳しています。なお神道では、その道徳心を示す言葉として、「浄明正直（きよく、あかく、ただしく、なおく）」という語があり、現在では神職の資格にもその階位ごとにそれぞれの文字が用いられています。

⑨ **Shinto has no dogma, doctrine, or founder**

直訳：神道は教義、教理、または開祖を持たない

解説：dogma（教義）とdoctrine（教理）の意味は教派や文脈によっても多少異なりますが、概ねdoctrineは特定の流派により権威の認められている信念であるのに対し、dogmaは教理の中でも証明なしに真とされるものを指します。本書では意味を酌み、二つを合わせて教義と経典として翻訳しています。

⑩ **Only by both receiving the blessings of nature and accepting its rage can we maintain a harmonious connection to the world around us.**

直訳：自然の恩恵を受け、その猛威を受け入れるだけで、私たちは私たちの周りに世界との調和のとれた繋がりを維持することができる。

解説：この文には強調表現のひとつである倒置法が使われています。本来は「we can maintain」となるところを「can we maintain」と語順を入れ替えることで「できる」という意味を強調しています。一見、疑問文と同じ語順であることから、誤って疑問文に訳してしまわないよう注意が必要です。

> COLUMN

一つの文を分けたり、二つの文を繋げたり…

翻訳する際、一つの文をそのまま一つの文として訳すことも可能ですが、場合によっては繋がりのわかりづらい不自然な文になってしまうことがあります。また、短い文が連続する場合、まとめて一つの文にした方がわかりやすいこともあります。本書でも"There are *kami* of the mountains, and *kami* of the sea. *Kami* are all around us, in every thing and every person."（8ページ「What is Shinto?」）という二文を、"山の神、海の神をはじめ、私たちの周り全てのものや人に神が宿ります"と一文で訳しているように、伝えている意味を考えることが大事なのです。

⑪ **Shinto has shaped the past as an integral part of Japan's cultural heritage.**
　直訳：神道は日本の文化的遺産の不可欠な部分として過去を形作ってきた。
　解説：日本語の「遺産」が故人などの残した財産という意味合いで用いられることが多いのに対し、英語のheritageは「World Heritage Site（世界遺産）」というように、先祖から未来へ受け継がれるものという意味です。本書ではculturalとあわせて単純に「文化」と訳しています。またthe pastも人の文化の関わった過去という意味を考えて日本語では「歴史」と捉え、翻訳しています。

⑫ **there is no time but now**
　直訳：今以外の時間はない
　解説：there is + 否定 A but Bで、「Aはない、ただしBは除く」という意味で、すなわち「今以外に時間はない」ということになります。本書では「今」に焦点を置いた肯定文に言い換えて「他でもない今だからです」と翻訳しています。

直訳してみると

　神道は清らかさや正直さという徳目の中に大きな価値を置きますが、信仰としては、神道は教義、教理、または開祖を持ちません。その起源は、古代の日本人と彼らが自然の世界の中に見つけた力との間における関係の中に見られ得ます。それは今日まで続き、自然の強さへの大きな尊敬と自然の恵みへの感謝の気持ちによって定義された関係です。自然の恩恵を受け、その猛威を受け入れるだけで、私たちは私たちの周りに世界との調和のとれた繋がりを維持することができます。

　神道は日本の文化的遺産の不可欠な部分として過去を形作ってきました。それは日本の思考にそれが及ぼす深い影響を通して未来を形作り続けるでしょう。しかし、日本における日常生活の根本的な側面として、神道の焦点は現在の上にあります。神を崇め、そしてそれらの恵みを受けるのは、今以外の時間はありません。

翻訳は次ページ

翻 訳

神道とは？-2

　神道は清らかさと正直さを大切にします。しかし、神道には教義や経典もなければ、開祖もいません。その始まりは古代の日本人と、彼らが自然界の中に見出した力との関係の中に見ることができます。今日まで続いているその関係とは、自然の力に対する畏敬の念と、自然がもたらす恵みへの感謝の気持ちです。自然の恵みを享受すると共に、その脅威を受け入れることで、私たちはこの世界との調和を維持することができるのです。

　神道は、日本文化の不可欠な要素として歴史を形作ってきました。また神道は、日本人の思想に強い影響を与えることを通じて未来を作り続けていきます。しかし、日本の日々の生活において神道は現在に重点を置きます。神を敬い、恵みを受けるのは、他でもない今だからです。

About Shinto

八百万の神　≠　Eight million *kami*

　日本にはたくさんの神がいます。このような神道の神々を『古事記』の頃から「八百万の神」などと表現してきましたが、これはもちろん、具体的に誰かが一柱ずつ数えたわけではありません。青果店を「八百屋」とも言いますが、野菜や果物がお店にちょうど800品あるわけではありませんし、「万」には『竹取物語』にも"野山にまじりて竹を取りつつ、よろづのことに使ひけり"とあるように、「たくさん」という意味があります。

　「八百万」というのは実際の数ではなく、神々の数が多いことを表した比喩的な言葉なのです。英語で表現するのであれば、numerous *kami* や myriad *kami*（8ページ）などでしょうか。

2 Kami -1

Since ancient times, Japanese have expressed ①the divine energy or life-force of the natural world as *kami*.

②*Kami* derived from nature, such as the *kami* of rain, the *kami* of wind, the *kami* of the mountains, the *kami* of the sea, and the *kami* of thunder have a deep relationship with our lives and a profound influence over our activities. ③Individuals who have made a great contribution to the state or society may also be enshrined and revered as *kami*.

語句の解説

express 動 表す、表現する ／ divine 形 神の、神聖な ／ derive 動 ～に由来する ／ profound 形 深い、深遠な ／ individual 名 個人 ／ contribution 名 貢献、寄与 ／ state 名 国家、政府 ／ enshrine 動 祀る ／ revere 動 ～を崇拝する

Kami -1

解説

① the divine energy or life-force of the natural world

直訳：神のエネルギーまたは自然の世界の生命力

解説：日本語の「力」に相当する英語はいくつかあります。powerが力や能力の一般的な単語で、energyは潜在的な力や蓄積された力を意味します。forceは物理的な力を表す一方で、精神的な力を意味することもあり、life-force（生命力）のように使われることもあります。
ちなみにmightは権力や武力などの強力な力、strengthは個人の行動を可能にする力の意味で用いられます。

② *Kami* derived from nature

直訳：自然に由来する神

解説：「由来する」という意味のderive fromは「物や事から由来して出てくる」という意味で、由来して出てきたもの（ここではkami）に重きを置くのに対し、同じ意味のoriginate fromは「場所や状況などの起源に由来して生じる」という意味で、由来の起源を重視する含みがあります。
自然由来の神々は、神話に登場する名前で祀られていることもありますが、地域によって独自の名称があることや、生活の中で神を感じているという場合などは単に「○○の神」と呼び、特定の名前を出さないことも多くあります。

③ Individuals who have made a great contribution to the state or society may also be enshrined and revered as *kami*.

直訳：国家や社会に大きな寄与をしてきた個人らは、また神として祀られたり尊敬されたりすることもある。

解説：神道では人も神として祀られることがあります。全国の天満宮に祀られる菅原道真や東照宮に祀られる徳川家康など、その社会への影響力によって崇敬されるようになった個々の歴史上の人物が挙げられるでしょう。
各地には、それぞれの土地に所縁のある人物を祀ったさまざまな神社があります。
（文法解説88ページ）

直訳してみると

大昔から、日本人は神のエネルギーまたは自然の世界の生命力を神として表現してきました。

自然に由来する神、例えば雨の神、風の神、山の神、海の神、雷の神などは、私たちの生活との深い関係と、私たちの活動のことで重大な影響力を持っています。国家や社会に大きな寄与をしてきた個人らは、また神として祀られたり崇拝されたりすることもあります。

翻訳は次ページ

翻 訳

神-1

　古くから日本人は、神聖な力や自然界の生命力を神と表現してきました。

　雨の神や風の神、山の神、海の神、雷の神など、自然に由来する神々は私たちの生活に深い関わりをもち、私たちの活動にも多くの影響を及ぼしています。また国家や社会に対して多大な貢献を果たした人物も、神として祀られ崇められます。

About Shinto

「god」は「神」？

　英語の「god」の対訳としては「神」が一般化していますが、神道の「神」を表す場合、これはあまり適切とは言えません。多くの外国人が「god」と聞いた場合、キリスト教のような一神教の創造主を思い浮かべてしまうからです。

　神道の「神」に比較的近い単語としては、「deity」があります。例えば「古代ギリシャの神々」は「the deities of ancient Greece」と訳されます。しかし、神道の「神」は独特の概念なので、これでも正確な訳とは言えません。やはり神道の神は「Shinto」の「kami」として認識してもらえることが望ましいでしょう。

自然の捉え方について考えてみましょう

　第1章では神道の自然観について少し触れましたが、国や文化が違えば自然の捉え方も変化します。例えば日本の伝統的な自然観と諸外国の現代的な自然観は次のように説明することができるでしょう。

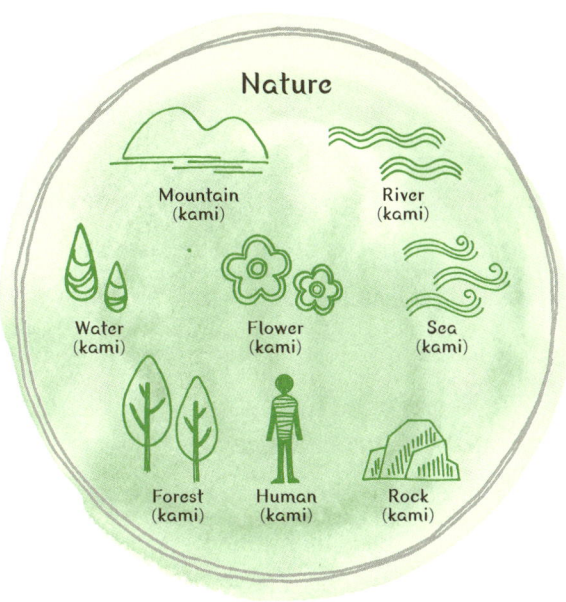

Traditional Japanese View of nature
伝統的な日本の自然観

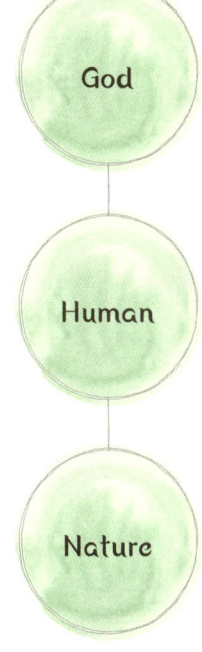

Present-day view of nature
現代的な自然観

　伝統的な日本の自然観では、山や川などとともに人も自然の一部であるとし、全てのものに神が宿っていると考えます。自然の力に畏敬の念を示すとともに、自然がもたらしてくれる恵みに感謝し、人と自然との調和、共生を大切にします。
　一方で西欧の影響を受けた現代的な自然観では、創造主である神が人と自然を造り、神の似姿に造られた特別な存在である人が自然を支配して管理し、好きなように利用してよいと考えます。
　近年は環境問題がさまざまな国際機関で議論されていますが、その中で自然との調和を大切にする日本の伝統的な自然観が、環境問題を解決する上でのヒントになると注目されています。

2 Kami -2

Nature's severity, does not take ④human comfort and convenience into consideration. The sun, which gives life to ⑤all living things, sometimes parches the earth, causing drought and famine. The oceans, where life first appeared, may suddenly rise, sending ⑥violent tidal waves onto the land, causing much destruction and grief. ⑦The blossom scented wind, a harbinger of spring, can become a wild storm. ⑧Even the smallest animals can bring harm—the mouse that eats our grain and carries disease, and the locust that devastates our crops. It is to the *kami* that the Japanese turn to pacify this sometimes calm but at times raging aspect of nature. ⑨Through ceremonies, called '*matsuri*', they appease the *kami* and wish for further blessings.

Shinto observes no one single, omnipotent Creator. Each *kami* plays its own role in the ordering of the world, and when faced with a problem, the *kami* gather to discuss the issue in order to solve it. This is mentioned in ⑩records from the 8th century which tell the story of the Divine Age before written history began, and is the basis for Japanese society's emphasis on harmony, and the cooperative utilization of individual strengths.

語句の解説

severity 名 厳しさ ／ comfort 名 快適さ ／ consideration 名 考慮 ／ parch 動 からからに乾かす ／ cause 動 原因になる ／ drought 名 早魃 ／ famine 名 飢饉 ／ tidal wave 熟 高波、高潮 ／ destruction 名 破壊 ／ grief 名 深い悲しみ ／ scent 動 匂わせる ／ harbinger 名 前触れ ／ even 副 〜でさえ ／ harm 名 損害、危害 ／ grain 名 穀物 ／ disease 名 病気 ／ locust 名 イナゴ、バッタ ／ devastate 動 荒らす、荒廃させる ／ crop 名 作物 ／ pacify 動 なだめる、静める ／ appease 動 なだめる、譲歩する ／ further 副 それ以上に、さらに ／ observe 動 〜だと考える ／ omnipotent Creator 熟 全能の創造主 ／ gather 動 集まる ／ solve 動 解決する ／ mention 動 〜について書く、言及する ／ basis (単：base) 名 土台、基礎 ／ emphasis 名 重要視 ／ cooperative 形 協同の、協力的な ／ utilization 名 利用すること

解 説

④ human comfort and convenience
直訳：人間の快適さと便利さ
解説：本書ではcomfortとconvenienceをまとめて「人間の都合」と翻訳しています。

⑤ all living things
直訳：全ての生きている物
解説：より自然な日本語として「生きとし生けるもの」と翻訳しています。
　　　欧米では「all God's creatures（神の全ての創造物）」という表現も使われますが、一神教的な表現であるため、神道について説明する場合は適切ではありません。

⑥ violent tidal waves
直訳：暴力的な高波
解説：tidal waveは本来、潮の干満による波のことですが、ここでは形容詞violentを伴って津波という意味で用いられています。
　　　地震による津波は「seismic sea wave（地震性の海の波）」という馴染みの薄い言葉で呼ばれていましたが、最近では日本語から入った「tsunami」も英単語として一般化してきています。

⑦ The blossom scented wind, a harbinger of spring, can become a wild storm.
直訳：春の前触れの花の匂いのついた風は、荒れた嵐になることができる。
解説：文学的な表現が用いられています。本書では「春の訪れを告げる花の香の芳しい風は、荒れ狂う嵐となることもあります」と翻訳し、文の流れや内容を考慮して次に続く文と繋げて一文にしています。

⑧ Even the smallest animals can bring harm—the mouse that eats our grain and carries disease, and the locust that devastates our crops.
直訳：最小の動物たちでさえ危害を持ってくることができる。ネズミが私たちの穀物を食べ病気を運び、またバッタが私たちの作物を荒らすように。
解説：英文のダッシュ（—）はコンマ（,）などよりも感覚的な用法の句読点です。強調を表現し、文章をドラマティックに演出する効果を持ちます。（文法解説89ページ）

COLUMN

具体例を挙げるときには…

　あることを説明するとき、具体的な例やたとえ話をすると、聞く人もイメージがつかみやすくなります。文化の異なる外国人に対してであればなおさら、相手に馴染みのある具体例を選ぶ配慮が必要です。
　例えばユダヤ教やキリスト教の文化圏の人に小さな生き物が人間に及ぼす害について説明するときは、聖書に出てくる事柄を用いると効果的です。聖書の『出エジプト記』にバッタの大群がエジプトを襲う様子が記されていることは有名です。またヨーロッパではネズミがペストを媒介したことで知られています。相手の環境や文化に配慮できれば、コミュニケーションはより円滑になるでしょう。

⑨ **Through ceremonies, called '*matsuri*', they appease the *kami* and wish for further blessings.**

直訳：「祭り」と呼ばれる式典を通じ、彼らは神をなだめ、そしてそれ以上の恩恵を望む。

解説：自然の神をなだめる祭りにはさまざまなものがあります。例えば平安時代の朝廷も、毎年恒例の祭りとして、風水害が無く豊作となることを祈る大忌祭・風神祭や、火災防止を祈る鎮火祭などの祭祀を催し、日照りや長雨のときは雨乞いや晴れ乞いの儀式を行っていました。今でも春の疫病流行を鎮める鎮花祭や、田畑の害虫を駆除して豊作を祈願する虫送りなど、さまざまな神社の祭りや地域の行事があります。

（おおいみのまつり　かぜのかみのまつり）

⑩ **records from the 8th century which tell the story of the Divine Age before written history began**

直訳：書面にした歴史の始まった以前の神の時代の物語を述べる8世紀の記録

解説：第5章で述べられている『古事記』と『日本書紀』のことを指しています（詳細は40ページ）。文献史料によって語ることのできる時代を「有史時代（recorded historyあるいはwritten history）」と言います。この文ではその前（before）を表しているので「有史以前」と翻訳しています。（文法解説89ページ）

直訳してみると

　自然の厳しさは、人間の快適さと便利さを考慮しません。太陽は、全ての生きている物に命を与えますが、時々地表をからからに乾かして、旱魃と飢饉の原因となります。海は、生命が最初に現れましたが、突然水嵩が増すかもしれず、土地の上に暴力的な高波を送り、多くの破壊と深い悲しみの原因となります。春の前触れの花の匂いのついた風は、荒れた嵐になることができます。最小の動物たちでさえ危害を持ってくることができます。ネズミが私たちの穀物を食べ病気を運び、またバッタが私たちの作物を荒らすように。日本人が、この時々穏やかであるけれど時には荒れ狂う自然の様相を静めるのに取り掛かるのは、神に対するものです。「祭り」と呼ばれる式典を通じ、彼らは神をなだめ、そしてそれ以上の恩恵を望みます。

　神道は唯一である全能の創造主を考えません。それぞれの神は世界の命令の中で自分自身の役割を果たし、そして問題に直面した時は、神はそれを解決するため問題を議論するために集まります。これは、書面にした歴史の始まった以前の神の時代の物語を述べる8世紀の記録に書かれており、また日本社会の調和を重要視することや、個人の力の協力的な利用の基礎です。

翻訳は次ページ

| 翻 訳

神-2

　自然界の厳しさは、人間の都合を考慮してはくれません。太陽は、生きとし生けるものに命を与えてくれますが、時として大地を干上がらせ、旱魃や飢饉の原因となります。海洋は、生命が最初に誕生したところですが、突如として水嵩を増し、陸地に大津波をもたらして、多くの破壊と深い悲しみの原因ともなります。春の訪れを告げる花の香の芳しい風は荒れ狂う嵐となることもありますし、穀物を食い荒らしたり病気を運んできたりするネズミや、作物を食い荒らすイナゴのように、ごく小さな動物でさえ損害をもたらします。日本人はこれらを神々として、時に穏やかでありながら時には荒れ狂う自然の側面を静めようとします。すなわち「祭り」を通じて、神を鎮め、さらなる神恩を願うのです。

　神道には唯一の全知全能たる創造主は存在しません。それぞれの神々は秩序立った世界で与えられた役目を果たし、何か問題が発生した時には、その問題解決のために集まって議論します。これは有史以前の神代の物語を綴った8世紀の歴史書にも記されており、和を重んじ、各々の力を合わせて事にあたる日本社会の基盤となっているのです。

3 Matsuri -1

Since ancient times, Japanese have gathered at sacred places— ①a great boulder, or ancient tree—in order to commune with the *kami*. There, they made offerings and prayed for the safety and prosperity of their communities. This is the origin of ②the festivals, ceremonies, and rituals collectively known as *matsuri*. Many *matsuri* are tied to ③the yearly calendrical cycle of events and are held ④in spring to offer prayers for a bountiful harvest, and in autumn to give thanks for providing the season's crops.

語句の解説

sacred 形 神聖な / boulder 名 大きな岩 / in order to 熟 〜するために / commune with 動 〜と語り合う、心を通わせる / make offering 熟 お供えをする / prosperity 名 繁栄 / ritual 名 儀式 / collectively 副 集合的に / tie 動 結ぶ、結び付ける / calendrical 形 暦上の / cycle 名 周期 / hold 動 開催する / bountiful 形 豊富な / harvest 名 収穫 / provide 動 供給する

解 説

① **a great boulder, or ancient tree**

直訳：大きな岩、または古代の樹木

解説：boulderは風雨などによって角の取れた大きな石や岩を指します。類語としてrockは地表を形成する大きな岩石を、stoneはrockの欠片であまり大きくない石をそれぞれ表します。

神道において信仰される岩を磐座（いわくら）と言い、その場合の岩は周りと独立した巨石であることが多いため、ここではboulderという単語を用いています（夫婦岩（めおといわ）などのように、rockの方が適切な場合もあります）。

また、treeは高木、shrubやbushは低木、woodは材木を意味します。神木となるような樹木は一般的に高木であるため、ここではtreeが使われています。

② **the festivals, ceremonies, and rituals collectively known as *matsuri***

直訳：「祭り」として集合的に知られた祝祭、式典、そして儀式

解説：festivalには祝賀や饗宴などの意味が含まれ、ceremonyは宗教上や国家的・社会的な公式の厳かな儀式、ritualは決められた手順や定形に沿って行われる宗教的な儀式のことです。日本語の「祭り」は場面によってこれらの意味が使い分けられています。外国人に説明する際には、ritualを使用すれば関係者のみで行うもので厳格な祭祀を、ceremonyを使用すれば、一般人も参列・参加ができる祭りを思い起こさせることができます。なお、類語のriteはritualほど堅苦しくない宗教的な儀式を指します。

③ **the yearly calendrical cycle of events**

直訳：行事の毎年の暦上の周期

解説：本書では「年間を通じた諸行事」と翻訳しています。全国の神社では、一年のさまざまな場面に合わせて祭りが行われます。例えば、元旦には年始を祝う歳旦祭（さいたんさい）が、2月11日には神武天皇即位日に国の始まりを祝う紀元祭（きげんさい）が催されています。また七五三や海開き・山開きの安全祈願祭、節分の節分祭（追儺（ついな）神事）など、年間行事の多くに神社の祭祀が関わっているのです。

⛩ About Shinto

「祝詞（のりと）」について

日本では、古くから言葉に霊的な力が宿る「言霊（ことだま）」が信じられてきました。神社で神職が詠み上げる祝詞にも言霊が宿っています。自然崇拝を行う土着信仰が今も伝わるハワイでも、この「言霊」が古くから大切にされ、現代の日本以上に発する言葉を大切にしています。ハワイの神社ではそういったことにより配慮し、病気や厄など良くないことを想像させる言葉を祝詞の中で使わないようにしています。

④ **in spring to offer prayers for a bountiful harvest, and in autumn to give thanks for providing the season's crops**

直訳：春に豊富な収穫を祈祷するためや、秋に季節の作物の供給に謝意を与えるため

解説：offer a prayerは「祈祷する」という意味で、例えばoffer prayers for rainは「雨乞いをする」ということになります。またgive thanksで謝意を示すという意味になり、諸祈願へのお礼参りであればgive thanks for the response to one's prayerと表現します。神社の祭りの中では、春の祈りは祈年祭、秋の感謝は新嘗祭が、本文の内容に相当します（27ページ「About Shinto」参照）。

ちなみにthanksgivingで食前感謝の祈りなどの神への謝恩を意味し、さらに米国では収穫感謝祭の祝日を「Thanksgiving Day」と呼んでいます。

直訳してみると

　大昔から、日本人は神と心を通わせるために神聖な場所（大きな岩、または古代の樹木）に集まってきました。そこで、彼らはお供えをして、そして彼らの共同体の安全と繁栄のために祈りました。これは「祭り」として集合的に知られた祝祭、式典、そして儀式の起源です。多くの祭りは行事の毎年の暦上の周期に結び付けられており、春に豊富な収穫を祈祷するためや、秋に季節の作物の供給に謝意を与えるために開催されます。

翻訳は次ページ

翻 訳

祭り-1

　古来、日本人は神と心を通わせるべく巨石や古木のある聖域に集い、供物を奉（たてまつ）って地域社会の安寧や繁栄を祈ってきました。これが「祭り」として知られる祝祭や式典、儀式の起源です。多くの祭りは年間を通じた諸行事と結び付いており、春には豊作への祈りを捧げるために、秋には季節の収穫の恵みに感謝するために行われています。

About Shinto

一年の中のいろいろな祭り

　神社では年間を通じ、地域の風習や神社の由緒などに基づいた多種多様な祭りが行われています。今日、全国の神社で共通して行われている大きな祭りとしては、春の祈年祭と秋の新嘗祭が挙げられます。毎年2月頃にその年の五穀豊穣を祈るのが祈年祭、11月に収穫を祝い神々に感謝する祭りが新嘗（きんじょう）祭で、現代では11月23日が勤労感謝の日として祝日になっています。その他にも神社では、今上天皇の誕生日を祝う天長祭（てんちょうさい）や、半年毎に罪穢（けが）れを祓う6月・12月末日の大祓（おおはらえ）など、多くの祭祀・行事が催されています。地域独特の祭りもあるので、近くの神社に尋ねられてはいかがでしょうか。

3 Matsuri -2

Matsuri are symbolic of ancient Japanese traditions and customs, sacred rituals that come in two aspects: One is [5]'*matsuri* as religious service', and the other is [6]'*matsuri* as entertainment for the *kami*'. The former refers to [7]the solemn rituals conducted in front of the *kami* by Shinto priests as representatives of local communities, while the latter are lively, festive events sometimes involving *mikoshi*, or portable shrines, where [8]an often-raucous procession ritually transfers the *kami* to a new resting place. Many traditional performing arts, such as sumo and Noh, are also dedicated to the *kami*— another example of *matsuri* as entertainment. Although these two aspects of *matsuri* may seem quite different, the blessings received from the *kami* remain the same.

Through *matsuri*, the Japanese celebrate and pray for the *kami*, and together both *kami* and participants are rejuvenated. *Matsuri* are rituals to both strengthen the bonds and solidarity within a community and connect that community to the *kami*.

語句の解説

custom 名 習慣、風習 / former 形 前の / refer 動 参照する、当てはまる / solemn 形 厳粛な / conduct 動 行う、指揮する / representative 名 代表者 / latter 形 後の / lively 形 活気に満ちた / festive 形 陽気な / involve 動 伴う、必要とする / raucous 形 賑やかな、騒々しい / procession 名 行列、行進 / ritually 副 儀式的に / transfer 動 移動させる、運ぶ / dedicate 動 捧げる / seem 動 〜のように思われる / quite 副 かなり / remain 動 〜のままである / participant 名 参加者 / rejuvenate 動 元気を回復させる / strengthen 動 強くする / bond 名 絆、つながり / solidarity 名 団結、結束

Matsuri -2

解 説

⑤ *matsuri* as religious service
直訳：宗教的事業としての祭り
解説：religious serviceは、教会での礼拝や寺院での勤行(ごんぎょう)など、宗教行為を意味する熟語です。例えばキリスト教の日曜礼拝はSunday (religious) serviceと言います。本書では神道に関わる宗教行事であるため、「神事」と翻訳しています。

⑥ *matsuri* as entertainment for the *kami*
直訳：神のための歓待(かんたい)としての祭り
解説：祭礼のときに行われる神楽や芸能、花火など、神をもてなして楽しんでいただくための催しを総称して「神賑(にぎ)わい」と言い、他にも相撲や能楽、音楽の演奏など、神社ではさまざまな催し物が奉納されています。本文ではこれらをentertainment for the *kami*と表現しています。

⑦ the solemn rituals conducted in front of the *kami* by Shinto priests as representatives of local communities
直訳：地域共同体の代表者としての神道の聖職者によって神の前で行った厳粛な儀式
解説：神道の聖職者とは神職のことです。神職の役割は人と神の間を取り持つ「中執持(なかとりもち)(mediator)」であると言われています。人々の神への祈りや感謝を届けるために祭儀を行い、また神から人々へもたらされる恩恵を仲立ちする役割を担っているのです。

⑧ an often-raucous procession ritually transfers the *kami* to a new resting place
直訳：儀式的に神を新しい休憩所に運ぶしばしば賑やかな行列
解説：本書ではprocession ritually transfers the *kami*を「渡御行列(とぎょ)」、new resting placeは「御旅所(おたびしょ)」の意味で翻訳しています（30ページ「About Shinto」参照）。

直訳してみると 😕❓

　祭りは古い日本の伝統や風習を象徴し、神聖な儀式は二つの側面から来ています。一つは「宗教的事業としての祭り」であり、もう一つは「神のための歓待としての祭り」です。前者は地域共同体の代表者としての神道の聖職者によって神の前で行った厳粛な儀式のことに当てはまり、後者は儀式的に神を新しい休憩所に運ぶしばしば賑やかな行列の神輿、または移動可能な廟を時には伴う、活気に満ちた陽気な行事です。相撲や能など、多くの伝統芸能もまた歓待としての祭りの別の例として神に捧げられます。これら祭りの二つの側面はかなり異なっているように思われるかもしれませんが、神から受け取られる恩恵は同じもののままです。

　祭りを通じて、日本人は神のために祝いそして祈り、神のみならず参加者たちもまた一緒に元気を回復させられます。祭りは共同体内での絆と結束を強くし、そしてその共同体を神に接続する儀式です。

▶ 翻訳は次ページ

翻 訳

祭り-2

　日本の古い伝統や風習を象徴している神聖な儀式としての祭りには二つの側面があります。一つは「神事としての祭り」であり、もう一つは「神賑わいとしての祭り」です。前者は地域社会の代表としての神職により神前で執り行われる厳粛な儀式にあたり、後者は時として神輿(みこし)で神を御旅所へお連れする賑やかな渡御行列を伴うような、陽気で活気に満ちた行事を指します。また相撲や能など多くの伝統芸能が神へ捧げられるのも、この神賑わいとしての祭りの例と言えます。このような祭りの二つの側面はかけ離れているかのように思われますが、神の御蔭(おかげ)をいただくということに変わりはないのです。

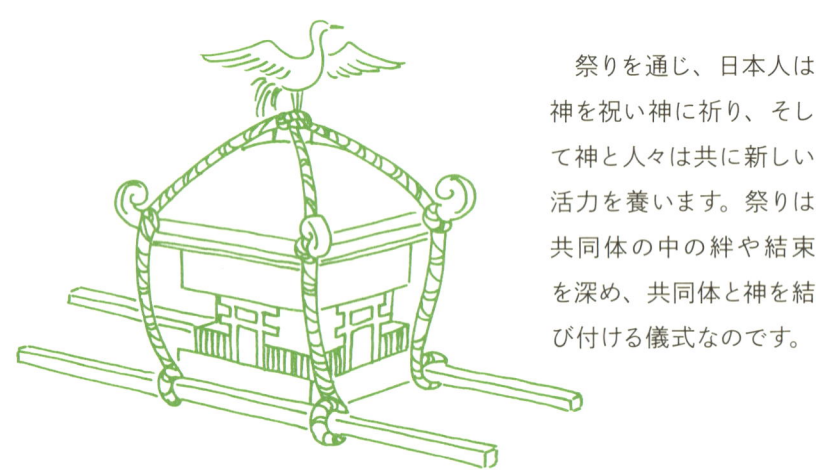

　祭りを通じ、日本人は神を祝い神に祈り、そして神と人々は共に新しい活力を養います。祭りは共同体の中の絆や結束を深め、共同体と神を結び付ける儀式なのです。

⛩ About Shinto

祭りの「神輿渡御」って？

　神輿の渡御は、神の御幸(みゆき)(外出)という意味で「神幸祭(しんこうさい)」とも言われます。神社によってさまざまですが、多くは神を神輿に遷(うつ)し、町内を巡って御旅所(あるいは元宮(もとみや)など)へ渡御した後、そこで神事を行って、再び神社へと還ります。

　神輿はよくportable shrineと訳されますが、これは「持ち運びできる廟」という意味となり、本来の乗り物(輿 = palanquin)としての語義からは離れてしまいます。神幸には神輿以外にも、車や船で行われる祭礼があり、神輿の形からそのまま運搬用神社 = portable shrineとは言い切れないのです。

　また御旅所は、神幸のときの休憩所や目的地のことで、本書ではnew resting placeとしていますが、元宮など状況に応じて色々な言い換えが可能です。

Matsuri -2

手水の仕方を説明しましょう

 # Visiting a Jinja — How to purify hands and mouth —

手水をとる作法について、下記の例文を参考に説明してみましょう。

Temizu is a kind of ritual ablution. When visiting a jinja, we purify our hands and mouth at the *Temizuya* (purification font). This is an act of purification before approaching the main sanctuary.

手水は清めの儀式の一種です。参拝の際、手水舎で手と口を洗います。これは本殿に向かう前の作法です。

1.
Take the dipper with your right hand and fill it with water. Pour some water over your left hand to rinse it.

柄杓を右手でとって水をいっぱいに汲み、少しだけ流して左手を漱ぎます。

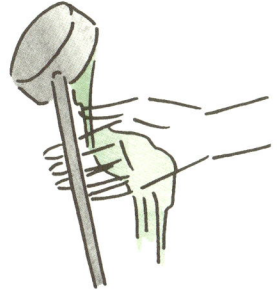

2.
Shift the dipper to your left hand and rinse your right hand.

柄杓を左手に持ち替えて右手を漱ぎます。

3.
Take the dipper with your right hand again, and pour water into your left cupped hand and rinse your mouth. Please do not touch the dipper directly to your mouth. Finally, rinse your left hand once more.

再び右手で柄杓を持ち、丸めた左手に水を注いで口を漱ぎます。柄杓には直接口を付けないように。最後に、もう一度左手を漱ぎます。

解 説

　清らかさを大切にする神道で重要な意味を持つお祓い。神社に参拝する際に行う手水や神職が行う修祓（しゅばつ）など、心身を清める儀式として日本人には広く知られています。よく「罪や穢れを祓う」と説明されますが、これをそのまま英語にすると、相手によっては誤解を与えてしまいかねません。例えば「罪」。辞書には宗教上の罪を表す言葉として「sin」が出てきます。ところがこの言葉は、キリスト教では「原罪（original sin）」など信仰上の重要な意味を持っています。それが数分の儀式で浄化できては、違和感を持たれてしまうことでしょう。そこでお祓いの意味を「日常の混沌（chaos）から秩序ある状態（cosmos）へ戻す儀式」だと説明してみると、抵抗感も少ないのではないでしょうか。英語にすると次のようになります。
　Purification is a ritual to return from the chaos of everyday life to the cosmos.

4 Jinja -1

①Japanese regard the sea, the mountains, the forest, and natural landmarks as places where the *kami* reside. In ancient times, these were regarded as sacred areas, without the need for special buildings, as the *kami* were believed to exist everywhere.

A practice also arose of ②decorating evergreen trees in sacred courtyards to which the *kami* could be summoned in order to perform rituals. Later, ③dwellings were built for the *kami* in the forests, structures to be renewed in perpetuity where rituals could be conducted. This is the origin of the shrines known as '*jinja*'. ④There are more than 80,000 jinja in Japan today where various *kami* are enshrined, particularly those who appear in the story of the Divine Age or historical figures known for their great achievements.

語句の解説

regard 動 ～とみなす / exist 動 存在する / practice 名 慣習 / arise 動 起こる / courtyard 名 建物や塀などで囲まれた場所、中庭 / summon 動 呼び寄せる、召喚する / dwelling 名 住居 / structure 名 建物 / renew 動 新しくする / in perpetuity 熟 永久に / various 形 さまざまな / particularly 副 特に / figure 名 人物 / achievement 名 業績

解 説

① **Japanese regard the sea, the mountains, the forest, and natural landmarks as places where the *kami* reside.**

直訳：日本人は、海、山々、森、そして自然の目印を神が住む場所とみなしている。

解説：奈良県の大神神社（おおみわ）が本殿を持たず三輪山そのものを神体山としているように、神道には自然そのものに神が宿るという信仰があります。ほかにも福岡県の宗像大社（むなかた）が沖ノ島を神の島として島全域への無許可の立ち入りを禁じているような例もあります。本書では本文の内容を考慮して言い換え、「日本では…と考えられています」と翻訳しています。

② **decorating evergreen trees in sacred courtyards**

直訳：神聖な中庭の中に飾り付けた常緑樹

解説：清めた場所の中央に、榊（さかき）などの常緑樹の枝を台に立てて飾り付け、その場所に神を招いて行う祭祀があります。神社境内での祭典が主になった現代でも、地鎮祭などにこのような祭祀の形式を見ることができます。こうした祭祀では、その場所を斎庭（ゆにわ）、台に立てた常緑樹を神籬（ひもろぎ）と呼び、降神の儀によって神を迎え、祭典の最後に昇神の儀によって送り出します。

③ **dwelling were built for the *kami* in the forests, structures to be renewed in perpetuity where rituals could be conducted**

直訳：住居は森の中に神のために建てられ、儀式が行われるかもしれない建物は永久に新しくされるために取り替えられる

解説：今でも多くの神社は、周辺を「鎮守の森」と呼ばれる木々に覆われており、近年ではその植生が森林生態学などの学術分野からも注目されています。また社殿の多くは木造で、建て替えることで永続性を保っています。伊勢神宮で20年毎に行われる式年遷宮のように、社殿が定期的に新しくされる例もあります（詳しくは第11章「Shikinen Sengu」参照）。

COLUMN

辞書の使用について

　初めて見る単語の意味を知りたいときや「英語でどう言うのかわからない」ときには、誰もが辞書を使います。そのときによくやってしまうのが「最初に出てくる意味しか見ない」という間違いです。辞書にはよく使われる訳から順に掲載されていますが、文脈によっては二番目以降に出てくる訳でないと通じないことがあります。日本語も英語も、使われる場面によって意味が変化する言葉がたくさんあります。辞書を使うときは最初に書かれている訳だけでなく全ての訳に目を通し、より適切な訳を使うように心がけましょう。

④ **There are more than 80,000 jinja in Japan today**
　直訳：今日の日本には8万以上の神社がある
　解説：全国の多くの神社が所属する「神社本庁」では、現在約8万社を包括していますが、これは宗教法人としての神社の数です。集落で祀っている祠や個人の敷地内にある社など、宗教法人ではないものもたくさんあり、それらを全て含めた神社の数は正確にはわかりません。ひとつ言えるのは、日本人にとって神社がとても身近な存在だということです。

直訳してみると

　日本人は海や山、森、そして自然の目印を神が住む場所だとみなしています。古代では、これらは、神が至る所に存在すると信じられていたので、特別な建物を必要とせずに神聖な区域だとみなされていました。

　また神聖な中庭の中に飾り付けた常緑樹に儀式を行うために神が召喚されるかもしれない慣習も起こりました。後に、住居は森の中に神のために建てられ、儀式が行われるかもしれない建物は永久に新しくされるために取り替えられます。これが「神社」として知られている廟の起源です。今日の日本には8万以上の神社があって、そこにはさまざまな神が祀られており、特に神の時代の物語や偉大な功績によって知られる歴史的な人物として姿を現す人々などです。

翻訳は次ページ

翻訳

神社-1

　日本では、海や山、森、あるいは自然の中で目印になるようなものには、神が宿っていると考えられています。古代においては、それらは特別な建物が無くとも聖域とみなされ、至る所に神々は存在するものと信じられていました。

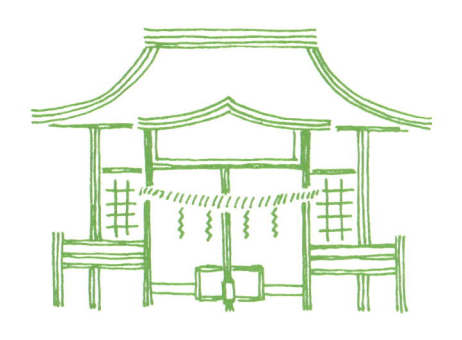

　また斎庭に設けた神籬に、祭儀を執り行うため神を招くという慣習も生まれました。後に、森の中に神の住まいが設けられ、儀式を行う建物が恒常的に建て替えられてゆくようになりました。これが「神社」として知られる社殿の始まりです。日本では今日8万以上もの神社があり、神代の物語に登場する神々や偉大な功績によって知られる歴史上の人物など、さまざまな神が祀られています。

About Shinto

神社はShinto shrine？　それともjinja？

　和英辞典で「神社」という単語を調べると、最初に「shrine」または「Shinto shrine」と出てきます。これは現在、「神社」の英訳として広く使われています。しかし英和辞典で「shrine」を調べるとどうでしょうか？
　ある辞書には最初に「(聖人の遺骨・遺物を祭った)聖堂、廟」と説明されています。神社には遺骨や遺物はお祀りされていないので、この英訳は間違いです。何より、この言葉を聞いた外国人が「神社には遺骨や遺物がある」と誤解してしまいます。神社は日本独特の信仰なので無理に英訳せず、「jinja」とした上できちんと説明することが、結果的に相手に対しても親切になります。

4 Jinja -2

Rituals to pray for the peace, security, and prosperity of the nation and community are conducted at jinja throughout the year. Prayers may also be dedicated at a jinja for the well-being of ⁶the local parishioners and the guardian *kami* of the community. While these observances are typically handled by members of the Shinto priesthood, individuals will often visit a jinja to participate in the yearly cycle of *matsuri*, and ⁷on commemorative occasions throughout one's life, in order to make wishes and offer prayers of appreciation to the *kami*.

Jinja are sacred places and ⁸are always kept clean, and pure. Often surrounded by trees, jinja are infused with the divine energy of nature. They are places to worship, but also places to relax. Visiting a jinja, we feel ⁹physically and spiritually rejuvenated. Jinja are special spaces for us to reflect on ourselves and express our gratitude to the *kami*.

語句の解説

nation 名 国、国家 ／ throughout 前 〜を通じて ／ well-being 名 幸福、健康 ／ parishioner 名 教区民 ／ while 接 〜だけれども ／ observance 名 儀式 ／ typically 副 主として、一般的に ／ handle 動 扱う ／ priesthood 名 (集合的としての) 聖職者 ／ commemorative 形 記念となる ／ occasion 名 場合、出来事、行事 ／ appreciation 名 感謝 ／ surround 動 囲む ／ infuse 動 満たす ／ physically 副 物理的に、身体的に ／ reflect 動 よく考える

解 説

⑥ the local parishioners and the guardian *kami* of the community

直訳：地域の教区民たちと共同体の守護神

解説：parishionerはキリスト教会の教区民や、寺院の檀家などのことで、本書では神道においてそれに相当する「氏子」の意味で使われています。また、guardian *kami* of the communityで「氏神」の意味として翻訳できます。本来は氏族の祖先神や守護神であった「氏神」は、現在では地域やそこに住む人たち（氏子）の守り神としても信仰されています。

⑦ on commemorative occasions throughout one's life

直訳：その人の一生を通じた記念となる場合

解説：初宮参りや七五三詣、成人式、結婚式など、長い人生の中では折に触れて神社に参拝する機会があります。本書では「人生の節目」と翻訳しています。

⑧ are always kept clean, and pure

直訳：常に清潔で純粋にしておかれる

解説：本書では「常に清浄に保たれています」と翻訳しています。

12ページにも"Shinto places great value in the virtues of purity and honesty"とあるように、神道では清らかであることを大切にしています。特に神社は神の住まいなので、境内の掃除が常に行き届くよう心がけられています。

⑨ physically and spiritually

直訳：身体的かつ精神的な

解説：本書では「心身の」と翻訳しています。似た表現として、mind and bodyやbody and soulがあります。mind and bodyは単純に「心身」、body and soulは副詞的に「身も心も」や、転じて「すっかり」、または「全身全霊」などの意味になります。physicallyとspirituallyは、「物質的な」と「精神的な」という意味の対になる副詞です。

直訳してみると

　国家と共同体の平和、安全、そして繁栄を祈るための儀式は年間を通じて神社において行われます。祈りはまた神社で地域の教区民たちの幸福や共同体を守護する神のために捧げられてもいるかもしれません。これらの儀式は神道の聖職者の一員らによって一般的には扱われるけれども、個々人はしばしば祭りの毎年の周期や、願い事をしたり神への感謝の祈りを捧げたりするためにその人の一生を通じた記念となる場合に関係して神社を訪れます。

　神社は神聖な場所であり、常に清潔で純粋にしておかれます。しばしば木に囲まれ、神社は自然の神のエネルギーに満たされています。それらは崇拝する場所でもあり、リラックスする場所でもあります。神社への訪問で、私たちは身体的かつ精神的な元気の回復を感じます。神社は、私たち自身を省みたり神への感謝を表現したりするための、私たちにとって特別な空間です。

翻訳は次ページ

翻 訳

神社-2

　神社では年間を通じ、国や共同体の平和や安全、繁栄を祈る儀式が行われています。また地元の氏子の幸福や氏神のために、神社で諸祈願が奉納されることもあります。それらの儀式は、一般的には神職によって執り行われますが、個人でも、しばしば年中の祭りに参加したり、人生の節目にあわせて願い事や神への感謝の祈りを捧げたりするため神社を訪れます。

　神社は神聖な場であり、常に清浄に保たれています。多くは木々に囲まれ、自然界の神気が満ち溢れています。そこは礼拝の場ではありますが、同時に憩いの場でもあるのです。神社を訪れることで、私たちは心身の若返りを感じます。神社は我々にとって、自らを見つめ直し、神への感謝を表す特別な空間なのです。

COLUMN

発音に注意！

　外国語を身に付ける上で大きな壁として立ちはだかるもののひとつに発音があります。特に英語は日本語に比べて子音の数が多く、LとRの違いに苦しめられている人も多いことでしょう。ですが、難しいからといって簡単にあきらめてはいけません。なぜならLとRが違うだけで単語の意味が大きく変わってしまうからです。例えばplayとpray。"I came here to play."は「私はここに遊びに来ました」ですが、"I came here to pray."は「私はここに祈りに来ました」という意味です。さて、私は神社に遊びに来たのでしょうか、それともお参りに来たのでしょうか？

参拝の仕方を説明しましょう

Visiting a Jinja — Praying Etiquette to *Kami* —

参拝の作法について、下記の例文を参考に説明してみましょう。

The following is the etiquette widely known for praying to *kami*.

以下の作法は、神に祈るときの一般的な作法です。

1.
Bow twice deeply.
深く2回お辞儀をします。

2.
Clap your hands twice.
2回手をたたきます。

3.
And bow once more deeply.
もう1回深くお辞儀をします。

解 説

　古くから日本では、神や貴人を敬い拝む際の作法として、「拝」や「拍手」などの作法が行われていました。江戸時代までは儀礼流派や神社によってその作法にも多少の違いがありましたが、明治になって制定された祭式作法により、現在の「二拝二拍手一拝」という参拝方法が広く慣例化したのです。

　しかし中には、今でも各神社の伝統に則った形の続けられているところもあります。例えば出雲大社などでは拍手を4回しますし、伊勢神宮の神職らは「八度拝」という、拝や拍手を何回もする大変恭しい作法で拝礼します。各神社の伝統的な作法の有無について調べてみると、新しい発見があるかもしれません。

5 The Divine Age

Although Shinto lacks a doctrine, ① two early 8th century historical records, the *Kojiki* and *Nihonshoki*, name certain individual *kami* of great personality, and related the tales of their various doings and achievements. These records are regarded as an essential part of the Shinto faith.

Another important text ② compiled in the early 10th century, the *Engishiki*, is in part a collection of codes concerning the proper form of Shinto rituals. ③ *Kami* named in these codes are enshrined in jinja throughout Japan today.

④ The following is a brief summary of two stories first appearing in the *Kojiki* and *Nihonshoki*.

語句の解説

lack 動 欠いている ／ name 動 名前を挙げる ／ certain 形 特定の ／ personality 名 個性、性格、人格 ／ relate 動 話す、物語る ／ tale 名 話、物語 ／ essential 形 不可欠の、きわめて重要な ／ compile 動 編纂する ／ code 名 規則 ／ concern 動 〜に関係する ／ proper 形 適した、正式な ／ following 形 次に来る ／ brief 形 短い、簡素な ／ summary 名 要約、概略

解説

① two early 8th century historical records, the *Kojiki* and *Nihonshoki*

直訳：『古事記』と『日本書紀』という8世紀初頭の二つの歴史の記録

解説：どちらも天皇の命令により、飛鳥〜奈良時代にかけて編纂された古代の歴史書です。『古事記』は和銅5年(712)に元明天皇へ献上された、現在伝わる中で最古の歴史書です。また、『日本書紀』は養老4年(720)に完成した最初の公式な歴史書です。どちらにも歴史の始まりとして神話が描かれていますが、キリスト教における聖書のようなものではなく、神道では信仰の基本になる古典として扱われています。

なお、historical recordは歴史的価値のある記録文書を意味します。『古事記』や『日本書紀』は、現代に繋がる「歴史」の一部として神話が記された歴史書であるため、本文では神話の部分も含めてrecordの表現を用いています。

② compiled in the early 10th century, the *Engisiki*, is in part a collection of codes concerning the proper form of Shinto rituals

直訳：『延喜式』という10世紀初頭に編纂された、神道の儀式の正式な形式に関係する規則集の一部だ

解説：『延喜式』は平安時代の延長5年(927)に成立した、古代日本の基本法典である「律令」の施行細則をまとめた「式」のひとつです。祭祀で奏上されるさまざまな祝詞(のりと)の文や、当時の朝廷や行政機関から供え物が出される神社の一覧表である「神名帳」なども記載されており、これも神道では信仰の基本となる古典のひとつに数えられます。本書では「10世紀初頭に編纂された『延喜式』という祭式にも関わる法令集のひとつ」と翻訳しています。

なお、codeという単語は、法律に関して使われる場合、体系的かつ包括的な制定法(法令集)や団体の内部規約(規則)などを指します。lawは法律の一般語で、権力に裏づけられ服従義務のあることを意味し、statuteは立法府で可決した成文法、actは議会両院の一方または双方によって可決された法令を概ね意味しています。

About Shinto

『古事記』と『日本書紀』の神話はどう違う？

「記紀神話」とも言われるように、日本神話の中でも今日特にメジャーな古典が『古事記』と『日本書紀』でしょう。しかしそれらは全く同一のものではありません。同じエピソードでも登場人物や関係性の相違があるものもあり、特に『日本書紀』は多くの異説を併載しています。諸外国の神話と同様に口承により伝えられてきた日本の神話には多彩な物語があって、記紀以外にも『風土記(ふどき)』や『古語拾遺(こごしゅうい)』などには独自の神話が描かれています。多様な神代の伝承を、今日私たちは「神話」として学んでいるのです。

③ ***Kami** named in these codes are enshrined in jinja throughout Japan today.*

直訳：これらの規則の中で名前を挙げられた神は、今日、日本中の神社で祀られている。

解説：『延喜式』神名帳には3,000近くの神社が記載されており、それらは「式内社」と呼ばれます。今日でも伊勢神宮をはじめ多くの式内社が全国に鎮座しています。

④ **The following is a brief summary of two stories first appearing in the *Kojiki* and *Nihonshoki*.**

直訳：次に来るのは、『古事記』と『日本書紀』の中で最初に出現する二つの物語の簡素な概略である。

解説：the followingと名詞的に用いる場合、「下記」や「次に述べる事柄」などの意味となります。また日本語で『古事記』と『日本書紀』は、しばしばセットにして「記紀」と表記されることがあり、本書でもそれにならって翻訳しています。

直訳してみると

神道は教理を欠いていますが、『古事記』と『日本書紀』という8世紀初頭の二つの歴史の記録は、偉大な個性の特定の個別の神の名前を挙げ、そしてそれらのさまざまな行いや功績の話を物語ります。これらの記録は神道の信仰のきわめて重要な部分だとみなされています。

『延喜式』という10世紀初頭に編纂された別の重要なテキストは、神道の儀式の正式な形式に関係する規則集の一部です。これらの規則の中で名前を挙げられた神は、今日、日本中の神社で祀られています。

次に来るのは、『古事記』と『日本書紀』の中で最初に出現する二つの物語の簡素な概略です。

翻訳は次ページ

翻 訳

神代

　神道に教典はありません。しかし、『古事記』と『日本書紀』という8世紀初頭に著された二つの歴史書には、素晴らしい人格を具えた個々の神々が名を列ね、そのさまざまな行いや業績に関する物語が綴られています。これらの書物は、神道の信仰の中でもとりわけ欠かすことのできない要素であると考えられています。

　その他にも重要なものとして、10世紀初頭に編纂された『延喜式』という祭式にも関わる法令集のひとつが挙げられます。そこでの条文において名前が挙がっている神々は、今日でも全国各地の神社で祀られています。

　これから述べるのは、記紀の最初に描かれている二つの物語のあらましです。

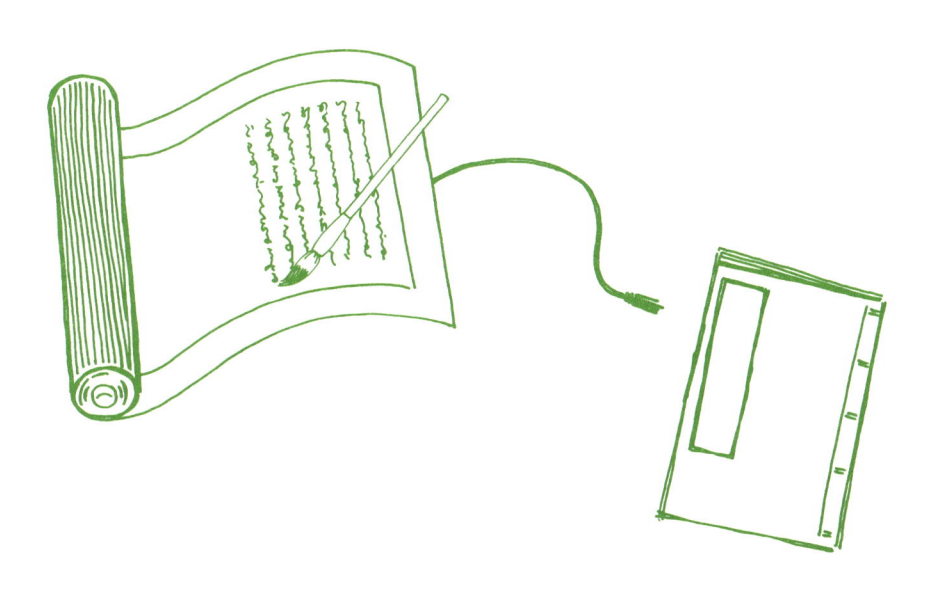

6 Amano-Iwato, The Celestial Cave -1

The story of *Ama-no-Iwato* begins with the tale of the divine couple, Izanagi-no-kami and Izanami-no-kami, who ①give birth to the Japanese islands and various other *kami* in the time after ②heaven and earth become separated.

③Among their descendants were three venerable *kami*. The first, ④Amaterasu-Omikami, whose name is a title literally meaning "great *kami* who lights the heavens", is associated with Takamanohara, the Celestial Plain. The second, Tsukiyomi-no-kami, is associated with the moon and the night and the third, Susano'o-no-kami, is associated with the sea.

Of these three, ⑤Susano'o-no-kami did not properly tend to his duties and abandoned the sea, despite being admonished. He then ascends to Takamanohara where he causes much mischief.

語句の解説

birth 名 出生、誕生 / among 前 〜の中に、〜の間に / descendant 名 子孫、末裔 / venerable 形 尊い、貴ぶべき / literally 副 文字通り / associate 動 結び付ける、関連付ける / celestial 形 天の / plain 名 平原 / properly 副 適切に / tend 動 世話をする / duty 名 義務、職務 / abandon 動 捨てる、放棄する / despite 前 〜にもかかわらず / admonish 動 忠告する、警告する / ascend 動 登る、上がる / mischief 名 いたずら、損害

Amano-Iwato, The Celestial Cave -1

解 説

① give birth to the Japanese islands and various other *kami*

直訳：日本の島々やさまざまなその他の神に誕生を与える

解説：伊邪那岐神・伊邪那美神は淤能碁呂島で、まず九州や四国、本州などの日本列島の島々を産みます。これが「国生み」の神話です。国生みの後、二神は続けて海の神や風の神、木の神、火の神などのさまざまな神々を産みます。これが「神生み」の神話です。この文はそれらの神話を表しています。

② heaven and earth become separated

直訳：天国と地球が切り離されるようになる

解説：元々は混沌としてひとつだった天地がわかれたという世界の始まりを表しており、本書では「天地開闢」と翻訳しています。

なおキリスト教などにおける天地創造は、聖書の『創世記』に神が2日目に天を、3日目に大地を創ったと記されていることからもわかるように分離したものではないため、「the Creation (of the world [universe])」と言います。

③ Among their descendants were three venerable *kami*.

直訳：彼らの子孫たちの間に三つの貴ぶべき神がいた。

解説：theirは伊邪那岐神・伊邪那美神を指し、descendantsはその間に生まれた神々を意味しているため、本書では「二神の子孫である神々の中には」と翻訳しています。またここでの三柱の貴い神とは、後の文から三貴子の訳として用いていることがわかります。三貴子は天照大御神、月読命、須佐之男命のことで、『古事記』では伊邪那岐神が三神の生まれた際に"三貴子を得たり"と述べていることから、三神をあわせてこのように呼びます。

COLUMN

過去なのに現在形？

日本神話を紹介する中で、過去形ではなく現在形が使われていることを不思議に思った人がいることでしょう。これは間違いではなく、過去の出来事をより鮮やかに、目の前で起こっているかのように描くための表現方法なのです。

また、英語では「will」や「be going to」を使わず、現在形で未来のことを表現する場合があります。これは確実な未来を表すときに用いられます。

④ **Amaterasu-Omikami, whose name is a title literally meaning "great *kami* who lights the heavens", is associated with Takamanohara**

直訳：天照大御神、その名前は文字通り「天を照らす偉大な神」を意味している称号で、高天原と関連付けられている

解説：神は多様な名を持つことが多く、天照大御神にも「大日孁貴(おおひるめのむち)」など、他にさまざまな神名があります。神社による特別な呼び方もあり、伊勢神宮では「天照坐皇大御神(あまてらしますすめおおみかみ)」などと申し上げています。（文法解説88ページ）

⑤ **Susano'o-no-kami did not properly tend to his duties and abandoned the sea**

直訳：須佐之男命は彼の義務を適切に世話をせず海を捨てた

解説：海の統治を任された須佐之男命は、常に泣いて役目を果たさなかったとされます。
dutyは、良心や正義感、道徳心などから当然すべき義務を意味します。類語として、responsibilityは自分が引き受けるなどした仕事や義務を遂行する責任を、obligationは特定の立場や約束、法律などのような事情から生じる義務を表します。

直訳してみると

　天岩戸の物語は、天国と地球が切り離されるようになる後の時に日本の島々やさまざまなその他の神に誕生を与える伊邪那岐神・伊邪那美神という神の夫婦の話から始まります。

　彼らの子孫たちの間に三つの貴ぶべき神がいました。一番目は、天照大御神で、その名前は文字通り「天を照らす偉大な神」を意味している称号で、天の平原である高天原に関連付けて考えられています。二番目は、月読命で、月と夜に結び付けて考えられていて、三番目は須佐之男命で、海に結び付けて考えられています。

　これら三つのうち、忠告されたにもかかわらず、須佐之男命は彼の義務を適切に世話をせず海を捨てました。彼はそれから彼が多くのいたずらをもたらす高天原に上ります。

翻訳は次ページ ▶

Amano-Iwato, The Celestial Cave -1

翻 訳

天岩戸 -1

　天岩戸の物語は、天地開闢の後に日本の国土やその他の多種多様な神々を生んだ伊邪那岐神・伊邪那美神という夫婦神の説話に始まります。

　二神の子孫である神々の中には、三貴子がいました。長子の天照大御神は、そのお名前が示す通り「天を照らす偉大なる神」を意味し、高天原に結び付けて考えられています。次に月読命は月と夜に、三番目の須佐之男命は海に関連付けられています。

　三柱のうち、須佐之男命はたしなめられていたにもかかわらず、治めるべき海を放棄してその本分を果たすことがありませんでした。そして高天原に上り、数多くの危害をもたらしました。

COLUMN

「kami」、「jinja」は複数でも「kami」、「jinja」？

　『SOUL of JAPAN』では、「kami」、「jinja」など日本語から英語化した単語は、「three venerable kami」、「125 jinja」のように単複同形として記載しています。これらは英単語としてまだ馴染んでいない語句のためで、「sushi（寿司）」や「ronin（浪人）」、「yen（円）」などと同様にそのまま用いられているのです。他にも「matsuri」、「torii」、「kagura」などもこれに該当します。もっとも、日本語に慣れ親しんだ人の中にはあえて「Kamis」と複数形にすることもあり、八百万の神という考え方の海外での受容を知る上でも興味深いことです。

6 Amano-Iwato, The Celestial Cave -2

⁶Amaterasu-Omikami cannot bear his troublemaking, and takes refuge, hiding herself in a celestial cave. ⁷Bereft of Amaterasu-Omikami's natural brilliance, the celestial and terrestrial world become dark and gloomy, and there is much confusion in the land.

The *kami* gather to discuss how they might work together to solve this grave problem. To coax Amaterasu-Omikami out of the cave, ⁸they fashion a jewel, the Yasakani-no-magatama, and a mirror, the Yata-no-kagami and decorate a tree with these sacred objects. Then they hold a *matsuri*, and ⁹performed a sacred dance in front of Amaterasu-Omikami's cave. Intrigued by the merriment, she peeks outside and eventually agrees to return to the world, bringing back her peaceful light that harmony and order might be restored.

Susano'o-no-kami, regretting his mischief, descends to earth and ⁱ⁰slays the Yamata-no-orochi, a monstrous, eight-headed serpent, ⁱ¹freeing many from its devastation. After the serpent's death, Susano'o-no-kami dedicates a special sword he discovers in the serpent's tail, the Ameno Murakumo-no-tsurugi, to Amaterasu-Omikami.

語句の解説

bear 動 耐える ／ troublemaking 名 もめごと ／ refuge 名 避難 ／ hide 動 隠す ／ cave 名 洞窟 ／ bereft(原形：bereave) 動 〜を失わせる ／ brilliance 名 輝き ／ terrestrial 形 地上の、陸上の ／ gloomy 形 憂鬱な、陰気な ／ confusion 名 混乱 ／ discuss 動 話し合う、議論する ／ grave 形 重大な ／ coax 動 引き出す ／ fashion 動 形作る、創り出す ／ jewel 名 宝石、装身具 ／ decorate 動 飾る、装飾する ／ intrigue 動 興味をそそる ／ merriment 名 陽気な賑わい ／ peek 動 のぞく ／ eventually 副 ついに ／ restore 動 回復する ／ regret 動 後悔する、悔いる ／ descend 動 降りる ／ slay 動 殺す ／ monstrous 形 巨大な ／ serpent 名 （大型の）蛇 ／ free 動 自由にする、解放する ／ devastation 名 荒廃、廃墟 ／ discover 動 発見する ／ tail 名 尾

Amano-Iwato, The Celestial Cave -2

解説

⑥ Amaterasu-Omikami cannot bear his troublemaking, and takes refuge, hiding herself in a celestial cave.
直訳：天照大御神は彼のもめごとを耐えることができず、そして避難して、天上の洞窟に彼女自身を隠す。

解説：動詞のbearは多彩な意味を持ち、canやcouldを使った否定文や疑問文では、「耐える」や「我慢する」という意味で用いられます。

⑦ Bereft of Amaterasu-Omikami's natural brilliance
直訳：天照大御神の自然の輝きを失わせられる

解説：動詞のbereaveは、肉親などを奪うことや、希望や理性を失わせることを意味し、前者の場合の過去形・過去分詞はbereaved、後者の場合はbereftになります。ここでは太陽の神である天照大御神が隠れたことで世の中から光が消えてしまったことを意味しているため、後者を用いています。
またこの一文はthe celestial and terrestrial worldを本来の主語とする、過去分詞を用いた受動態の分詞構文になっています（93ページ「文法解説」参照）。

⑧ they fashion a jewel, the Yasakani-no-magatama, and a mirror, the Yata-no-kagami
直訳：彼らは八尺瓊勾玉（やさかにのまがたま）という宝石と、八咫鏡（やたのかがみ）という鏡を形作る

解説：動詞のfashionは「形作る」や「こしらえる」などを意味します。「作る」の類語はたくさんあり、fashionは手や道具を使って物を形作る場合に用いられます。ここは勾玉や鏡の作製を神々がそれぞれ担当する場面なので、一般的なmakeではなくこの単語が使われています。
他にも、buildは材料を組み合わせて作ることで、徐々に作ってゆくというニュアンスを持ちます。createは新しい何かを創造するという意味です。またformは明確な形式を持ったものを作る場合に、forgeは金属の鍛造や偽造・捏造などの意味に、fabricateは格式ばった単語で、規格部品を使って工作する場合や嘘をでっち上げるなどの意味で使われます。

COLUMN

ローマ字表記するときには…

日本語の言葉をローマ字で書くと、外国人が発音する際に意図しない発音になってしまうことがあります。例えば「大阪（おおさか）」を文字通りにローマ字で表記すると「Oosaka」になりますが、ローマ字の読み方を知らないアメリカ人やイギリス人がこれを読むと「ウーサカ」と発音してしまいます。このような事態を避けるため、最近では母音やnの子音が連続する場合、アポストロフィ（'）で区切る（豊受大御神＝Toyo'uke-no-Omikami）ことがあります。長音の際は母音の上に ˆ や ￣ を付けるといった方法もありますが、いずれにせよ他言語の発音を正確に表記することはほとんどできません。それを理解し、柔軟な考え方が必要です。

⑨ **performed a sacred dance**
　直訳：神聖な舞踊を演じた
　解説：天岩戸の説話において、天宇受売命(あめのうずめのみこと)は神懸かりして神楽(かぐら)を演じたとされます。今日「神楽」は多種多様なものが知られていますが、ここではその中でも舞踊としての意味で「神楽を舞いました」と翻訳しています。

⑩ **slay the Yamata-no-orochi, monstrous, eight-headed serpent**
　直訳：巨大で八つの頭の大蛇であるヤマタノオロチを殺す
　解説：ヤマタノオロチ（八岐大蛇・八俣遠呂智）は頭と尾を八つ持ち、体には苔や木々が生え、八つの山と谷を渡るほど巨大であったとされます。
　slayは「殺す」という意味の文語的な遠回しの表現で、killの方が一般的な言い方です。またmurderは殺意を持って殺すことを、assassinateは暗殺や謀殺を意味しています。

⑪ **freeing many from its devastation**
　直訳：その荒廃から多くを解放する
　解説：ここでのmanyは形容詞ではなく、多数の人やものを意味する代名詞です。なおthe manyと定冠詞が付いた場合、大衆や庶民などを意味する名詞になります。（文法解説93ページ）

直訳してみると

　天照大御神は彼のもめごとを耐えることができず、そして避難して、天上の洞窟に彼女自身を隠します。天照大御神の自然の輝きを失わせられて、天上と地上の世界は暗く陰気になり、そして国土で多くの混乱があります。

　神はこの重大な問題を解決するためにどのように彼らが一緒に働くだろうかと議論するために集まります。天照大御神をなだめすかして洞窟の外に引き出すために、彼らは八尺瓊勾玉という宝石と、八咫鏡という鏡を形作り、そしてこれら神聖なもので樹木を飾り付けます。そして彼らは祭りを催し、そして天照大御神の洞窟の前で神聖な舞踊を演じました。陽気な賑わいに興味をそそられて、彼女は外をちらっとのぞき、そしてついに世界に戻ることに同意して、調和と秩序が回復されるであろう彼女の平和な光が戻ります。

　須佐之男命は、彼のいたずらを後悔し、地上へ降りて巨大で八つの頭の大蛇であるヤマタノオロチを殺し、その荒廃から多くを解放しました。大蛇の死の後、須佐之男命は大蛇の尻尾から発見する特別な剣の天叢雲剣を天照大御神に捧げます。

翻訳は次ページ

Amano-Iwato, The Celestial Cave -2

| 翻 訳

天岩戸-2

　須佐之男命の起こす騒動に耐えかねた天照大御神はそれを逃れ、自ら天岩戸に隠れてしまいます。すると大御神の生来の輝きはこの世から失われ、天も地も暗く陰鬱な世界となってしまい、国土は多くの混乱に見舞われました。

　神々はこの重大事の解決へ向けて、いかに協力して事にあたるべきか話し合いました。そして天照大御神に岩戸から出てきてもらえるよう説得するために、八尺瓊勾玉と八咫鏡を造ってそれらで木を飾り立て、祭りを催して大御神の籠る岩戸の前で神楽を舞いました。すると大御神はその陽気な賑わいに好奇心をそそられて外を覗き見、ついに表へ出ることに応じたことで、平和な光はよみがえり、調和と秩序が回復したのでした。

　自身の悪行を悔いた須佐之男命は地上へ降（くだ）ると、巨大で八つの頭を持った大蛇ヤマタノオロチを退治して、その惨状から数多の人々を救い出します。大蛇の死後、須佐之男命は大蛇の尾から天叢雲剣（あめのむらくものつるぎ）を見つけ、天照大御神に献上しました。

7 Ninigi-no-Mikoto -1

Amaterasu-Omikami is considered the most revered ①ancestor of the Tenno—the Emperor of Japan—and symbolizes the unity of all *kami*. The tale of her grandson, Ninigi-no-mikoto, begins with her sending him to ②pacify the terrestrial world. For this task, she endowed him with the mirror, the jewel, and the sword that appeared in the Ama-no-Iwato story. ③These are the Three Sacred Treasures, which comprise the Imperial Regalia of Japan and have been inherited to this day by the Imperial Household. Of these, ④she instructed him to place the sacred mirror in the Imperial Palace and worship it as he would her.

語句の解説

consider 動 〜だと考える ／ symbolize 動 〜を象徴する ／ unity 名 まとまり、調和 ／ pacify 動 平和な状態にする ／ task 名 仕事、任務 ／ endow 動 授ける、賦与する ／ treasure 名 宝物 ／ comprise 動 〜を構成する ／ Imperial Regalia 熟 皇位の象徴 ／ inherit 動 相続する、受け継ぐ ／ Imperial Household 熟 皇室 ／ instruct 動 教える、指示する ／ Imperial Palace 熟 皇居

Ninigi-no-Mikoto -1

解説

① **ancestor of the Tenno**

直訳：天皇の祖先

解説：ここでは天照大御神のことなので、「皇祖神」と翻訳しています。

また「天皇」は一般的に「the Emperor of Japan」と訳されますが、「皇帝」の訳語であるemperorは、元々は古代ローマにおける軍最高司令官「インペラトル（Imperator）」に由来し、ローマ皇帝の称号のひとつとなったものです。ドイツの「カイザー（Kaiser）」やロシアの「ツァーリ（Tsar）」などの称号も「皇帝」と訳されますが、こちらもローマ帝政を開いた人物の家名「カエサル（Caesar）」を語源とするものです。いずれにせよヨーロッパの「皇帝」は、基本的にローマ皇帝の後継者としての称号であり、東アジアの「皇帝」や「天皇」とは全く異なる君主の概念を無理に当てはめて翻訳しているのです。そのため『SOUL of JAPAN』では、最初に解説を付け、以降はそのまま「the Tenno」としています。

② **pacify the terrestrial world**

直訳：地上の世界を平和な状態にする

解説：日本神話における天上世界「高天原」と対比して地上世界のことを述べる場合は、本書のように「葦原の中つ国」や、「豊葦原千五百秋瑞穂国（とよあしはらのちいおあきのみずほのくに）」などと表現します。

③ **These are the Three Sacred Treasures, which comprise the Imperial Regalia of Japan and have been inherited to this day by the Imperial Household.**

直訳：これらは日本の皇位の象徴を構成する三つの神聖な宝物で、そして皇室によってこの日まで受け継がれてきた。

解説：the Three Sacred Treasuresは単に「三つの神聖な宝物」という意味ではなく、ここでは具体的に「三種神器」を指している熟語です。続くthe Imperial Regalia of Japanも、日本でレガリアと言えば三種神器のことであるため、婉曲的には同じ意味となります。Regaliaとは王権や王位を象徴する宝器のことであり、諸外国でも宝冠や王笏などが用いられています。

なお、英国王が戴冠式などの式典で着用するレガリアを含んだ宝器類はCrown Jewels (of the United Kingdom)と呼ばれます。また、文脈で日本のこととわからない状態でthe Imperial Regaliaと言った場合、英語圏では神聖ローマ帝国のレガリア（帝冠、宝珠、聖槍など）と捉えられることがあるので注意が必要です。

COLUMN

現在「Imperial」を使えるのは日本だけ

日本語と同様、英語にもさまざまな敬称があり、「Mr.」や「Mrs.」などが広く知られています。このほか、大臣や各国大使に用いる「Excellency」（閣下）も目にすることが多い敬称です。中でも国王には「Majesty」（陛下）、王族には「Royal Highness」（殿下）を用いるのですが、世界中でも日本の天皇と皇族に対してのみ「Imperial Majesty」や「Imperial Highness」の敬称が用いられます。これはローマ教皇の「Holiness」（聖下）に並ぶものと考えられ、世界的に見ても天皇や皇族がとても尊敬されていることがわかります。

④ **she instructed him to place the sacred mirror in the Imperial Palace and worship it as he would her**

　直訳：彼女は彼に神聖な鏡を皇居の中に置いて、そして彼が彼女にしたようにしてそれを崇めるよう指示した

　解説：これは天照大御神から与えられた三つの重要な命令、つまり「三大神勅(しんちょく)」のひとつです。「宝鏡奉斎(ほうきょうほうさい)(または同床共殿(どうしょうきょうでん))の神勅」と呼ばれ、天照大御神に対するのと同じように八咫鏡を祀るよう命じたものです。

直訳してみると

　天照大御神は、最も尊敬された天皇(日本の皇帝)の祖先だと考えられており、また全ての神の調和を象徴しています。邇邇芸命という彼女の孫の話は、地上の世界を平和な状態にするために彼女が彼を送ることから始まります。この任務のために、天岩戸の物語の中で出現した鏡、宝石、そして剣を彼女は彼に授けました。これらは日本の皇位の象徴を構成する三つの神聖な宝物で、そして皇室によってこの日まで受け継がれてきました。これらのうち、彼女は彼に神聖な鏡を皇居の中に置いて、そして彼が彼女にしたようにしてそれを崇めるよう指示しました。

▶ 翻訳は次ページ

翻訳

邇邇芸命 - 1

　天照大御神は、最も尊崇を集める皇祖神と考えられており、全ての神々の統合を象徴しています。皇孫邇邇芸命の物語は、天照大御神が葦原の中つ国を平定するために彼を送り出すことから始まります。この邇邇芸命の任務に際し天照大御神は、天岩戸の物語において登場した鏡と勾玉、そして剣を邇邇芸命に授けました。これら三種神器は、日本における皇位の象徴として今に至るまで皇室に継承されています。そのうちの鏡を天照大御神は、宮中に置いて大御神自身に対するのと同じように祀ることを邇邇芸命に命じたのでした。

⛩ About Shinto

三種神器はどこにある？

　天孫降臨に際して皇祖・天照大御神が皇孫に授けた「三種神器」は、天皇の正統性の象徴として現代に受け継がれ、今でも皇位と共に伝わるべき由緒ある物として大事にされています。神器のうち鏡と剣は、崇神天皇の御代に宮中から遷され、後に現在の伊勢神宮に祀られました。さらに剣は後年、倭建命の東国遠征の際に伊勢で授けられ、平定時のエピソードから草薙剣とも呼ばれるようになります。この剣は倭建命の遠征以後、今の名古屋市に鎮座する熱田神宮で長く祀られてきました。現在でも勾玉は宮中、鏡は伊勢神宮、剣は熱田神宮で大切にされています。

　では、現在の皇居で奉安されている鏡や剣は何なのでしょうか？　実は、これも同じ三種神器のひとつなのです。神器は、宮中から遷されたことに伴って御分身（御代器・形代）が作られ、御正体と同じように尊い宝器として継承されてきました。途中、火災による焼失や壇ノ浦の戦いでの水没などの困難もありましたが、その都度丁重に新たな御分身が設けられ、今でもその鏡は宮中三殿の「賢所」に、剣と勾玉は御所の「剣璽の間」に安置されています。いわば、各地の神社が総本社から勧請（分霊）して祀ってきたように、どちらの神器も神聖な宝物なのです。

7 Ninigi-no-Mikoto -2

⁶Amaterasu-Omikami also granted Ninigi-no-mikoto an ear of rice to give sustenance to the people. Ensuring that Japan would forever be looked after by her descendants and that her lineage might last in perpetuity, she sent Ninigi-no-mikoto to the terrestrial world with ⁷several distinguished *kami* to assist him. ⁸Landing on the island of Kyushu, Ninigi-no-mikoto built his palace and there began the establishment of the nation of Japan.

In later years, the great-grandson of Ninigi-no-mikoto chose present-day Nara as the new site for the nation's capital. There ⁹he was enthroned as the first Tenno and proclaimed Japan a nation. ¹⁰The modern Tenno is the 125th in an Imperial lineage which can be traced directly back to Amaterasu-Omikami. Today, the Tenno exists as a symbol of the national character and traditions of Japan.

語句の解説

grant 動 与える ／ ear 名 (稲や麦などの)穂 ／ sustenance 名 食物 ／ ensure 動 保証する ／ look after 熟 世話をする ／ lineage 名 血族、血統 ／ last 動 続く ／ several 形 いくつかの ／ distinguished 形 すぐれた、名高い ／ assist 動 助ける、手伝う ／ land 動 上陸する、着陸する ／ palace 名 宮殿 ／ establishment 名 設立 ／ later 形 後の ／ choose 動 選ぶ ／ site 名 場所 ／ capital 名 首都 ／ enthrone 動 王位につかせる ／ proclaim 動 宣言する ／ trace 動 たどる ／ character 名 性質 ／ tradition 名 伝統

Ninigi-no-Mikoto -2

解説

⑥ **Amaterasu-Omikami also granted Ninigi-no-mikoto an ear of rice to give sustenance to the people. Ensuring that Japan would forever be looked after by her descendants and that her lineage might last in perpetuity**

直訳：天照大御神はまた邇邇芸命に人々への食物をあげるために稲穂を与えもした。日本人が彼女の子孫によって永遠に世話をされて彼女の血統が永久に続くであろうことを保証した

解説：三大神勅のうち、「斎庭の稲穂の神勅」と「天壌無窮の神勅」と呼ばれるものです。天壌無窮は、天地と共に永遠に極まりなく続くということを表した四字熟語です。

　なお、lastは連続したものの最後を表しますが、その一連のことの終結を必ずしも示しません。finalが終結することを示し、ultimateが長い過程の最終的段階を意味してそれ以上続かないことを表します。

⑦ **several distinguished *kami* to assist him**

直訳：彼を助けるいくつかの名高い神

解説：天孫降臨に際し邇邇芸命に付き従った五伴緒神（天児屋命、布刀玉命、天宇受売命、伊斯許理度売命、玉祖命）や、思金神、天手力男神などの神々のことを示しています。

⑧ **Landing on the island of Kyushu**

直訳：九州の島に着陸する

解説：邇邇芸命は筑紫の日向の高千穂に降り立ったと伝えられ、現在の九州南部霧島連山の高千穂峰や、宮崎県高千穂町などにその伝承が残っています。英文では日本の地理に詳しくない外国人向けのため大まかにKyushu（九州）と表現していますが、本書では日本語による説明のため「高千穂（現在の九州）に降臨」と翻訳しています。（文法解説92ページ）

About Shinto

神様は「He」？「She」？

　英語の文では、日本語以上に人称代名詞が重要になります。では、「神」の代名詞はどうなるのでしょうか？キリスト教の場合、基本的に「父なる神」なので男性代名詞heで表されます（イスラームのアッラーは性別が無いとされますが、この場合もitではなく伝統的にheが用いられるようです）。

　一方で神道の場合、神にはそれぞれ男女の別があります。一般的に天照大御神は女神なのでshe、須佐之男命は男神なのでheです。豊受大御神は伊勢神宮で天照大御神と対になっているので男神と思われがちですが、豊宇気毘売神とも書かれることがあるように女神なのでsheを用います。

⑨ he was enthroned as the first Tennno

直訳：彼は最初の天皇として王位につけさせられた

解説：enthroneは、王位や玉座、転じて君主や司教を意味する名詞throneに、「〜にする」という意味に動詞化するための接頭辞en-が付いたものです。邇邇芸命の曾孫の神武天皇は、現在の奈良県の橿原宮を都に定め、そこで第1代天皇として即位しました。単に「即位する」と言う場合、succeed to the throneなどとすることも可能ですが、succeedには前任者の後を継いで高位・高官に就くという意味があるため、神武天皇の場合は不向きです。

⑩ The modern Tennno

直訳：現代の天皇

解説：ここでは「今上天皇」のことです。「天智天皇」や「明治天皇」などは崩御後の名称（諡号・追号）であり、存命中に他の天皇と並べて区別したい場合は、在位中の天皇を意味する「今上」や「当今」などと呼びならわしてきました。「The Reigning Emperor」という表現もありますが、reigningには力や権限を行使して君臨しているという意味合いが含まれます（the reigning championで「現チャンピオン」）。

直訳してみると

　天照大御神はまた邇邇芸命に人々への食物をあげるために稲穂を与えもしました。日本人が彼女の子孫によって永遠に世話をされて彼女の血統が永久に続くであろうことを保証して、彼女は邇邇芸命を、彼を助けるいくつかの名高い神と一緒に地上の世界に送りました。九州の島に着陸し、邇邇芸命は彼の宮殿を建てて、そしてそこで日本の国の設立を始めました。

　後年に、邇邇芸命の曾孫は現代の奈良を国の首都の新しい場所として選択しました。そこで彼は最初の天皇として王位につけさせられ、日本を国と宣言しました。現代の天皇は天照大御神まで直接たどられ得る皇帝の血統の125代目です。今日、天皇は日本の国の性質と伝統の象徴として存在します。

翻訳は次ページ

Ninigi-no-Mikoto -2

翻訳

邇邇芸命-2

さらに天照大御神は、人々への糧として邇邇芸命に稲穂を与えると、日本は永遠に大御神の末裔によって統治され、その皇統が無窮であることを保証し、彼を補佐する錚々(そうそう)たる神々らと共に葦原の中つ国へと送り出しました。高千穂(現在の九州)に降臨した邇邇芸命は御殿を建てると、日本の国の創建に取り掛かりました。

後年、邇邇芸命の曾孫は現在の奈良を新たな都に選定し、そこで第1代神武天皇として即位して日本の建国を宣言しました。今上天皇は皇統の125代目に列なり、天照大御神まで直接遡ってゆくことができます。今日では、天皇は日本の国柄と伝統の象徴として存在しているのです。

COLUMN

神武天皇と祝日

2月11日の「建国記念の日」は、邇邇芸命の曾孫にあたる神武天皇が、奈良の橿原で第1代の天皇として即位したことに由来する祝日です。『日本書紀』には、"辛酉春正月、庚辰朔、天皇橿原宮に即帝位。是の歳を天皇の元年と為す"と記されていて、これを明治時代に太陽暦に換算し、2月11日が「紀元節」と定められたのです。第2次世界大戦後、「紀元節」はしばらく廃止されていましたが、「建国記念の日」として復活しました。日本の神話は単なる古代の文学ではなく、「歴史」の一部として、現代とも繋がっているのです。

8 Ise-Jingu

①Ise Jingu, officially 'Jingu', ②includes 125 jinja, centered around Kotaijingu (Naiku), dedicated to Amaterasu-Omikami, and Toyo'uke-daijingu (Geku), dedicated to Toyo'uke-no-Omikami. ③In land area, Jingu is roughly the same size as Paris. ④More than 1,500 rituals are conducted here yearly to pray for ⑤the prosperity of the Imperial family and the peace of the nation.

語句の解説

officially 副 正式に ／ include 動 含む ／ center 動 中心にする ／ roughly 副 おおよそ

解 説

① Ise Jingu, officially 'Jingu'
直訳：伊勢神宮、正式に「神宮」
解説：officiallyは公式的にはという意味を含み、ここでは「伊勢神宮は、単に「神宮」というのが正式な名称です」という意味で用いられています。歴史的にはさまざまな表記のあった伊勢神宮ですが、今では単に「花」と言えば桜を指すように、ただ「神宮」とのみ言った場合は伊勢神宮のことを示します。その他の神宮号の付く神社と区別する必要がある際は、「伊勢の神宮」などとも言います。

② includes 125 jinja
直訳：125の神社を含む
解説：伊勢神宮は、正宮である皇大神宮（こうたい）と豊受大神宮（とようけ）の他、それに連なる別宮・摂社・末社・所管社など、伊勢市とその周辺に分布する全125座（しょうぐう）の総称でもあります。

③ In land area, Jingu is roughly the same size as Paris.
直訳：土地の面積においては、神宮はおおよそパリと同じサイズだ。
解説：ここでは神社の土地のことなので、本書では「境内」と翻訳しています。伊勢神宮の土地には、社殿の建つ敷地や参道など以外に、社殿の用材となる木を育てる「宮域林」や、神饌の材料を育てる田畑（「神田」や「御園」（みその））などもあります。

④ More than 1,500 rituals
直訳：1,500以上の儀式
解説：伊勢神宮では日常的なことまで祭りとして行われています。例えば毎日の朝夕には、神々に食事を奉る「日別朝夕大御饌祭」（ひごとあさゆうおおみけさい）が営まれていて、創建以来一度も欠かさず続けられています。他にも、毎日何らかの祭祀や儀式が行われているのです。

⛩ About Shinto

外宮を「outer shrine」と翻訳すると・・・

125座ある伊勢神宮の中心的存在である内宮・外宮の二つの正宮は、その漢字の表記からそのまま「inner shrine」「outer shrine」と翻訳されることがしばしば見られます。これは適切な訳なのでしょうか？「内宮」「外宮」という語句は、既に平安時代には使われていました。しかしここでの「内外」が、境内の「内側にある」と「外側にある」という意味でないことは、伊勢神宮に参詣したことがある方には実感できることでしょう。両宮とも、それぞれの正殿を中心とした境内が広がっています。

「inner shrine」は「奥の院」や「本殿」の意味となり、神社で言えば御神体を安置する「内陣」の意味にむしろ近いでしょう。同じように「outer shrine」では、本社の境内とは離れた敷地に鎮座する末社（境外社）がイメージされてしまうかもしれません。このような誤解を避けるため、『SOUL of JAPAN』では、両宮をそのまま「Naiku」「Geku」と書いています。

⑤ the prosperity of the Imperial family

直訳：皇族の繁栄

解説：prosperityには「繁栄」や「成功」の意味があり、本書ではthe Imperial familyとあわせて慣用表現の「皇室の弥栄（いやさか）」と翻訳しています。皇室を表す表現としては、前出のthe Imperial household（王室であればthe Royal household）という言い方もありますが、一般的に英単語のfamilyは、一族や家柄などで繋がりのある人間関係としての家族を指すのに対し、householdは同一建物内に住み家計を共有する人たち（執事などの一族以外の人間も）を含んだ世帯としての意味をもちます。皇室は宮家（みやけ）ごとに独立した生計を営んでいるため、宮家の皇族を含む全体としての皇室はthe Imperial familyとなり、内廷（天皇の家族）としての皇室がthe Imperial householdとなります。ちなみに宮内庁はImperial Household Agencyと英訳します。

直訳してみると

125の神社を含み、正式に「神宮」というのが、天照大御神に捧げた皇大神宮（内宮）と、豊受大御神に捧げた豊受大神宮（外宮）を中心とした伊勢神宮です。土地の面積においては、神宮はおおよそパリと同じサイズです。皇族の繁栄と国家の平和を祈るために1,500以上の儀式が毎年ここで行われています。

翻訳は次ページ

Ise-Jingu

翻 訳

伊勢神宮

　伊勢神宮は、単に「神宮」というのが正式な名称です。天照大御神を祀る皇大神宮（内宮{ないくう}）と豊受大御神を祀る豊受大神宮（外宮{げくう}）を中心に125の宮社が含まれ、その境内は概ねパリ市にも相当する面積になります。ここでは皇室の弥栄と国家の平安を祈念して、一年で1,500以上もの祭儀が行われています。

⛩ About Shinto

お札やお守り、神様の数え方は何て言う？

　お札やお守りなど神社の社頭で授かる授与品を数える単位は「体{たい}」で、一体、二体と数えます。神様は「柱{はしら}」で、一柱、二柱と数え、神社は一社、二社というように「社{しゃ}」で数えます。ちなみに、多くの宮社の総称である伊勢神宮には社殿を持たない磐座だけの神様も含まれるため、本書では神社に鎮座する御祭神を数える「座{ざ}」という単位で数えています。

9 The Enshrinement of Amaterasu-Omikami at Jingu -1

①Amaterasu-Omikami was formerly worshiped in the Imperial Palace, but following an epidemic, ②the 10th Tenno decided to move her symbol, the sacred mirror, that she might be worshiped more respectfully and thus end the disaster. ③It was the 11th Tenno who ordered his princess, Yamatohime-no-mikoto, to seek the most appropriate place to permanently enshrine and worship Amaterasu-Omikami.

④It is said the princess traveled the land searching for this special place until she received a revelation by the banks of Isuzugawa River. This is the origin of Naiku.

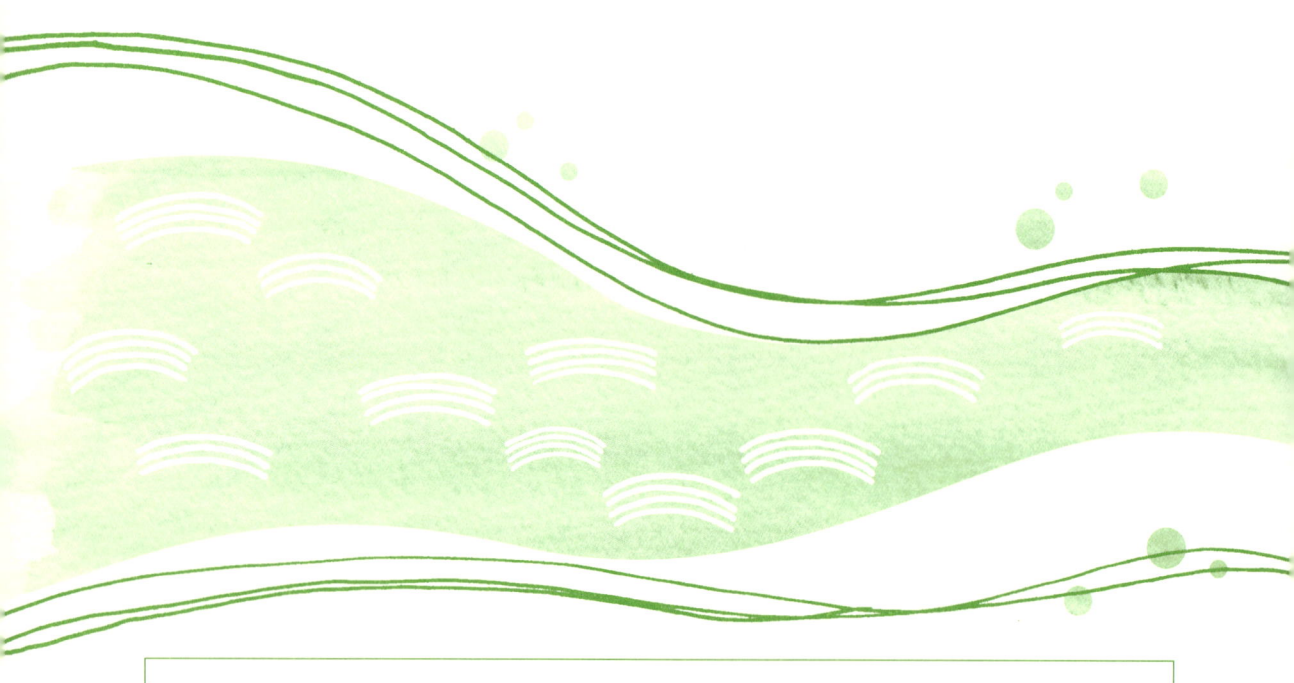

語句の解説

formerly 副 former（前の）の副詞形 ／ epidemic 名 伝染病 ／ decide 動 決心する、決める ／ respectfully 副 慎んで、丁重に ／ thus 副 したがって、だから ／ disaster 名 災害 ／ seek 動 捜す ／ appropriate 形 適切な ／ permanently 副 永久に ／ search 動 捜す ／ revelation 名 啓示、お告げ ／ bank 名 土手、川岸 ／ origin 名 起源

The Enshrinement of Amaterasu-Omikami at Jingu -1

解 説

① Amaterasu-Omikami was formerly worshiped in the Imperial Palace
直訳：天照大御神はかつて皇帝の宮殿で崇拝されていた
解説：第7章にあったように、天孫降臨の際の「宝鏡奉斎の神勅」に従って、邇邇芸命の子孫である歴代天皇は宮中で天照大御神（神鏡）を祀っていました。第10代崇神天皇の御代、本文のような経緯で神鏡は遷されることとなります。

② the 10th Tenno
直訳：第10代天皇
解説：『SOUL of JAPAN』では一般外国人向けであるため、複雑にならないよう歴代天皇は何代目であるかのみ記しています。日本への理解が進んだ対象者であれば、「Sujin-Tenno」などと書くのも良いでしょう。本書の訳では以降、全て天皇名（諡号）を補っています。

③ It was the 11th Tenno who ordered his princess, Yamatohime-no-mikoto, to seek the most appropriate place to permanently enshrine and worship Amaterasu-Omikami.
直訳：それは、永久に天照大御神を祀って崇拝するための最も適切な場所を捜すよう彼の王女（倭姫命）に命令した第11代天皇だった。
解説：天照大御神の伊勢神宮鎮座までの詳しい次第は『倭姫命世記』などに記されています。ここでは前の文を受けて「その後第11代垂仁天皇は、天照大御神を末永く祀るのに相応しい地を求めて、皇女倭姫命を遣わしたのです」と翻訳しています。

About Shinto

伊勢に祀られる倭姫宮

この章では倭姫命の巡幸について書かれていますが、倭姫命は皇大神宮を御鎮座された後、神嘗祭を初め年中の祭りを定め、神田や神社の場所を選定、斎戒や祓の法を示すなど、神宮の祭祀と経営の基盤を確立し、伊勢神宮の基礎を作りあげました。その功績を讃えて、大正4年（1915）から神宮と宇治山田市（現在の伊勢市）が倭姫命を祀るお宮の創建を国に請願し、大正10年（1921）の帝国議会で皇大神宮の別宮として創建が認められ、同年11月15日に鎮座祭が執り行われました。神宮には125の宮社があり、由緒は奈良時代に遡るものも多くあります。倭姫宮はその中でも、最も新しいお宮なのです。

④ **It is said the princess traveled the land searching for this special place until she received a revelation by the banks of Isuzugawa River.**

　直訳：それは、五十鈴川の岸において啓示を彼女が受けるまで、王女はこの格別な場所を捜して土地を旅したと言われている。

　解説：倭姫命は伊勢にたどり着くまで、天照大御神の杖代わり(御杖代)となって、大和国を始め伊賀、近江、美濃などの諸国を巡る旅を続けました。これを倭姫命の巡幸と言います。伊勢で倭姫命は、大御神の教えのままに五十鈴川の川上に現在の神宮の始まりである「祠」を建てました。本書では「倭姫命は五十鈴川の畔で神託を授かるまで、この特別な場所を捜し求めて巡幸したと言われています」と翻訳しています。

　なお、同じ「さがす」という意味を持つsearchと前文のseekとの違いは、seekが目に見えないものを求めることであるのに対し、searchは一定の場所などを捜索することです。前文は理想の場所を探すという意味であったため、seekが用いられています。

直訳してみると

　天照大御神はかつて皇帝の宮殿で崇拝されていましたが、伝染病の発生の後、第10代天皇は、彼女がより丁重に崇拝されるであろうことで災害を終えるよう、彼女の象徴(神聖な鏡)を動かすことを決めました。それは、永久に天照大御神を祀って崇拝するための最も適切な場所を捜すよう彼の王女(倭姫命)に命令した第11代天皇でした。

　それは、五十鈴川の岸において啓示を彼女が受けるまで、王女はこの格別な場所を捜して土地を旅したと言われています。これが内宮の起源です。

翻訳は次ページ

| 翻 訳

The Enshrinement of
Amaterasu-Omikami at Jingu -1

天照大御神御鎮座の由来-1

　かつて天照大御神は宮中で祀られていましたが、疫病の流行があり、第10代崇神天皇が大御神をより丁重に祀って災いを治めようと、大御神の象徴である神鏡を皇居から遷しました。その後第11代垂仁天皇は、天照大御神を末永く祀るのに相応しい地を求めて、皇女倭姫命を遣わしたのです。

　倭姫命は五十鈴川の畔で神託を授かるまで、この特別な場所を捜し求めて巡幸したと言われています。これが内宮の始まりです。

9 The Enshrinement of Amaterasu-Omikami at Jingu -2

⁵In the era of the 21st Tenno, some 1,500 years ago, Toyo'uke-no-Omikami was, ⁶in accordance with another revelation from Amaterasu-Omikami, summoned from ⁷the north of Kyoto prefecture and enshrined in her present resting ground. This is the origin of Geku. ⁸Toyo'uke-no-Omikami joins Amaterasu-Omikami in Jingu as her provider of companionship and sacred foods. ⁹She blesses us with abundant harvests and is the guardian of well-being, providing cloth, food and shelter.

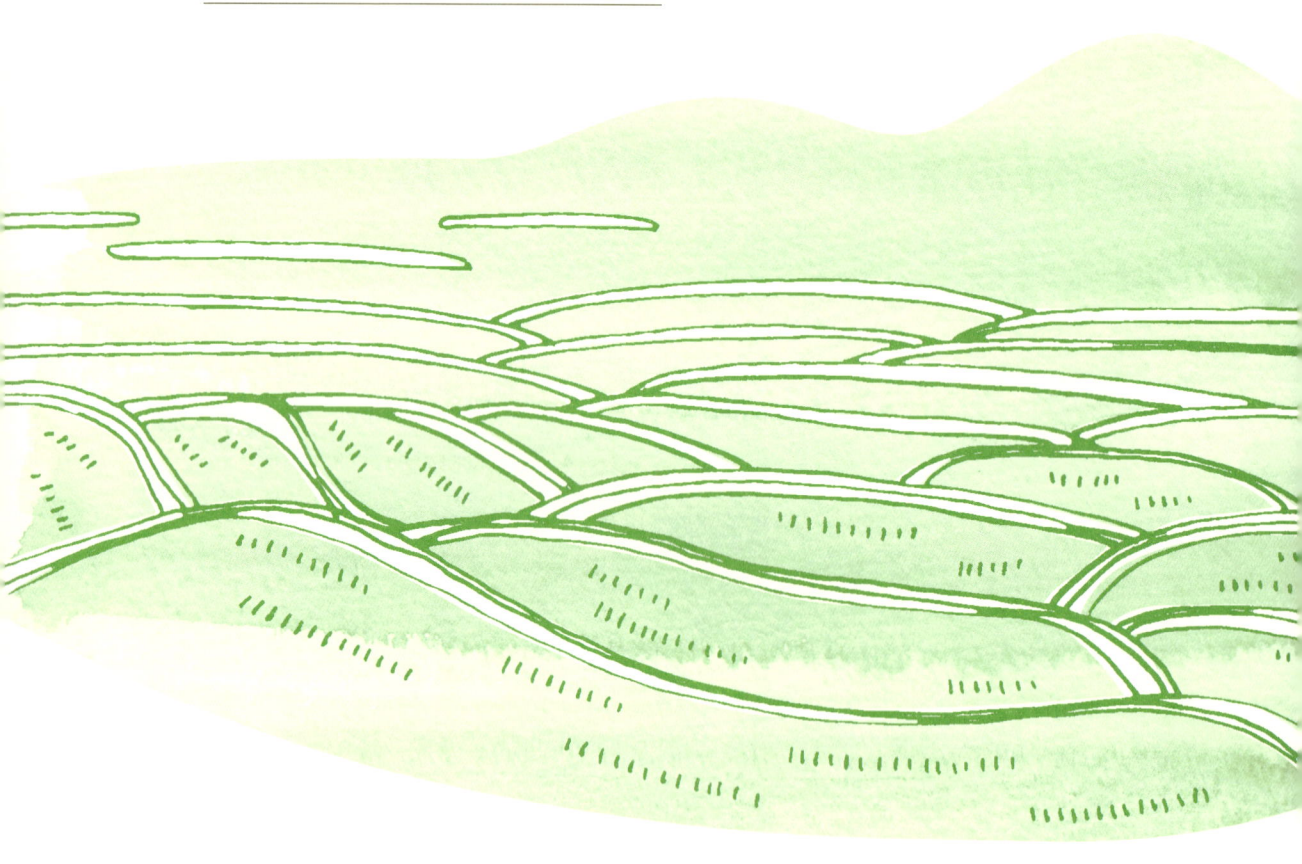

語句の解説

some 形 およそ ／ in accordance with 熟 〜に則って ／ prefecture 名 県 ／ rest 動 置く ／ provider 名 供給する人 ／ companionship 名 仲間 ／ bless 動 祝福する、恵みを与える ／ abundant 形 豊富な、豊かな ／ cloth, food and shelter 熟 衣食住

The Enshrinement of Amaterasu-Omikami at Jingu -2

解 説

⑤ In the era of the 21st Tenno
直訳：第21代天皇の時代に
解説：本書では、特定の天皇の時代を示す場合、「御代」という用語で翻訳しています。時代を表す場合、eraという単語は何かしら（歴史的な重要事件や著名な人物など）で特徴付けられた時代に用い、例えば「冷戦時代」はthe cold war era、「昭和」はShowa eraなどと表記します。対してperiodは一定期間を表す場合で、「平安時代」であればHeian periodと書きます。ただし日本の時代区分の場合、「江戸時代」であればEdo period (1603-1868) など、西暦の期間も記す方が読み手に親切です。

⑥ in accordance with another revelation from Amaterasu-Omikami
直訳：天照大御神からの別の啓示に則って
解説：第21代雄略天皇は夢の中で天照大御神の教えを受け、豊受大御神を現在の外宮の地（伊勢の山田の原）に迎えます。ここでは倭姫命の内宮鎮座の際の神託とは別のお告げであることを示すため、another revelationと断っているのです。

⑦ the north of Kyoto prefecture
直訳：京都府北部
解説：豊受大御神は丹波国（現在の京都府北部）から迎えられました。『SOUL of JAPAN』では一般外国人向けに現在の地名で表記していますが、本書では日本語の解説として「丹波国」という国名も補っています。

⑧ Toyo'uke-no-Omikami joins Amaterasu-Omikami in Jingu as her provider of companionship and sacred foods.
直訳：豊受大御神は神宮の中において天照大御神に、仲間と神聖な食物の彼女の供給者として加わる。
解説：豊受大御神は御饌都神とも呼ばれ、神々に奉る食物（御饌）を司ります。本書では「豊受大御神は神宮において天照大御神の御饌を司る神」と翻訳しています。

COLUMN

英語では日常的に「神様から祝福」される？

驚いたときなどの感嘆詞「Oh my God!」や「Jesus!」のように、英語ではしばしば神の存在が日常会話に登場します（ただし、みだりに神を呼ぶのは不適切として、「Oh my gosh」などとも言い換えられます）。例えば「God bless you!」は「神様のご加護がありますように」という慣用表現（「May God bless you」の略）で、英語圏ではくしゃみをした相手を気遣う言葉としても知られます（さらに省略されて「Bless you」や、最近ではスラング的に「GBU」も使われます）。もっとも、これらは過去の宗教的な習慣が反映したもので、現代の英語話者がその言葉で篤い信仰心を示しているわけではなく、あくまでも定型表現として用いられています。

⑨ **She blesses us with abundant harvests and is the guardian of well-being, providing cloth, food and shelter.**

直訳：彼女は私たちを豊富な作物で祝福し、そして衣食住を提供する幸福の守護者である。

解説：豊受大御神は食事を司る神であることから、衣食住、さらに広く産業の守り神として崇められています。本書では「私たちには五穀豊穣をもたらし、衣食住を与えてくれる幸福の守り神でもあります」と翻訳しています。

なお、「衣食住」を表すcloth, food and shelterはfood, clothing, and shelter [housing]など順序が入れ替わることもあります。また生活必需品という意味であればnecessities of life、人を快適に楽にさせるものという意味であればcreature comfortsとも言えます。豊受大御神の場合、双方の意味で考えられるでしょう。

直訳してみると

およそ1,500年前の第21代天皇の時代に、天照大御神からの別の啓示に則り、豊受大御神は京都府の北部から召喚されて、彼女の現在置かれている土地に祀られました。これが外宮の起源です。豊受大御神は神宮の中において天照大御神に、仲間と神聖な食物の彼女の供給者として加わります。彼女は私たちを豊富な作物で祝福し、そして衣食住を提供する幸福の守護者です。

翻訳は次ページ

The Enshrinement of Amaterasu-Omikami at Jingu -2

翻 訳

天照大御神御鎮座の由来-2

　およそ1,500年前の第21代雄略天皇の御代、天照大御神のまた別の神託により豊受大御神が丹波国（現在の京都府北部）から呼び寄せられ、現在の鎮座地に祀られました。これが外宮の始まりです。豊受大御神は神宮において天照大御神の御饌を司る神であり、私たちには五穀豊穣をもたらし、衣食住を与えてくれる幸福の守り神でもあります。

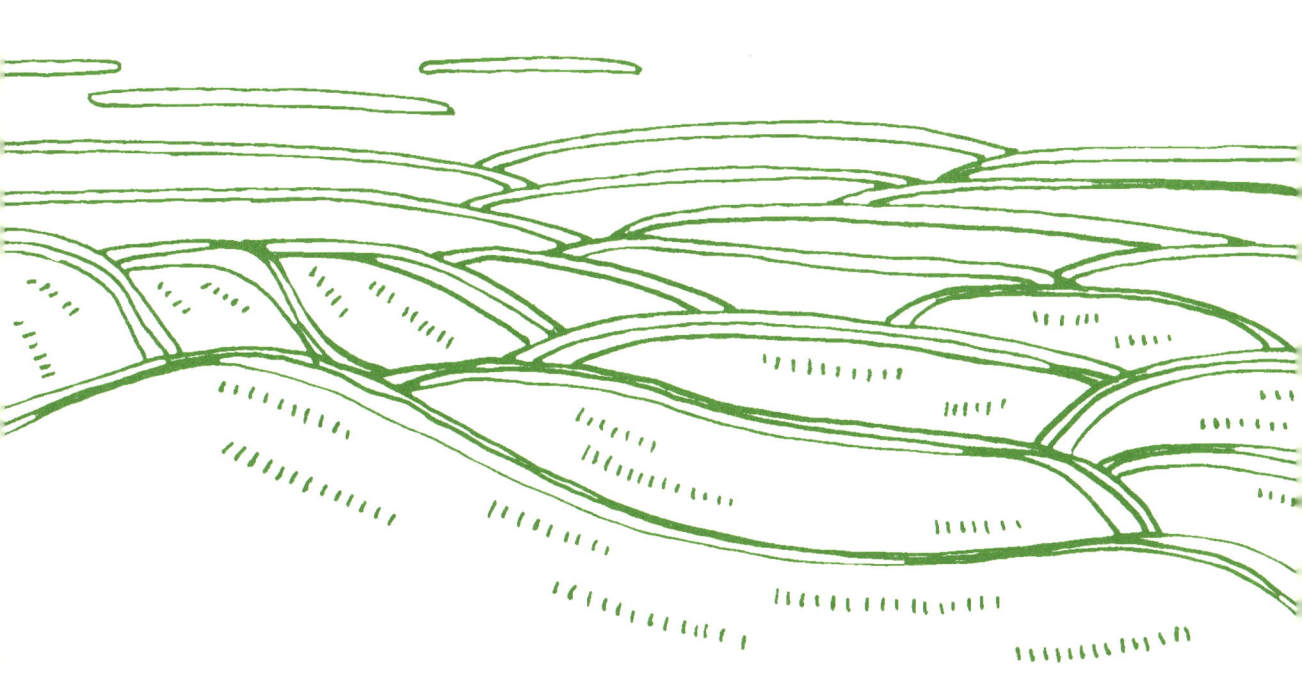

10 Matsuri at Jingu -1

Ever since the enshrinement of Amaterasu-Omikami in Ise 2,000 years ago, the priesthood of Jingu have conducted rituals and prayed for a peaceful world. ①These rituals and ceremonies are performed under the direction of Amaterasu-Omikami's direct descendent, the Tenno himself. Thus the rituals conducted at Jingu can be referred to as the Imperial rituals.

Matsuri at Jingu can be divided into three groups. ②The first includes regularly conducted daily and annual rituals, such as Kanname-sai in October and Tsukinami-sai in June and December. ③The second are exceptional rituals, which are conducted on special occasions for the benefit of the Imperial Family, the nation, or Jingu. The third are rituals for Sengu conducted every twenty years.

④Tenno sends the Imperial Envoy to Jingu to dedicate textiles called *heihaku* for certain important rituals. Some rituals feature the sacred dance and music called *kagura*.

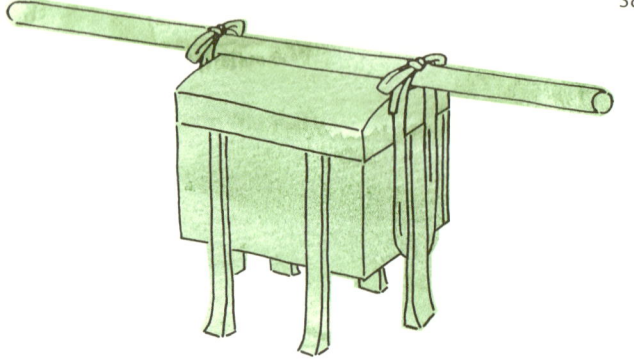

語句の解説

ever since 熟 〜以来ずっと ／ direction 名 指導、指示 ／ direct 形 直接の ／ refer 動 呼ぶ ／ divide 動 分ける、分類する ／ regularly 副 規則正しく、定期的に ／ annual 形 1年の、例年の ／ exceptional 形 例外的な、特別な ／ benefit 名 利益 ／ Imperial Envoy 熟 勅使 ／ textile 名 織物 ／ feature 動 特色をなす

Matsuri at Jingu -1

解説

① **These rituals and ceremonies are performed under the direction of Amaterasu-Omikami's direct descendent, the Tenno himself.**

直訳：これらの儀式と式典は、天照大御神の直接的な子孫である天皇彼自身の指示の下に行われている。

解説：式年遷宮の主となる祭儀など、伊勢神宮でも重要な祭典は、天皇陛下が日時などをお定めになる「御治定(ごじじょう)」や、上奏して聞き届けていただく「御聴許(ごちょうきょ)」など、陛下の思し召しに基づいて行われています。本書では「それらの儀式や行事は、天照大御神の直系子孫である天皇陛下御自身の意志を受けて行われています」と翻訳しています。

② **The first includes regularly conducted daily and annual rituals, such as Kanname-sai in October and Tsukinami-sai in June and December.**

直訳：一つ目は、例えば10月の神嘗祭や6月と12月の月次祭など、日毎や年毎に定期的に行った儀式を含む。

解説：いわゆる恒例祭です。毎年定められた日時に行われる祭りで、その中でも、神嘗祭(かんなめさい)と月次祭(つきなみさい)は三節祭と言われる重要な祭りです。また、これに祈年祭と新嘗祭を加え、五大祭と呼ぶこともあります。特に神嘗祭は、伊勢神宮では「神嘗正月」とも呼ばれるほど年中最大の祭りで、祭器具まで全て一新します。

③ **The second are exceptional rituals, which are conducted on special occasions for the benefit of the Imperial Family, the nation , or Jingu.**

直訳：二つ目は、皇族、国家、または神宮の利益のために特別な機会に行われる例外的な儀式である。

解説：このような祭祀は臨時祭と呼ばれます。天皇が新たに即位されたときの奉告祭など、皇室や国家に重大事があった際、臨時に行われる祭りです。

About Shinto

伊勢神宮にないもの

伊勢神宮に参拝されたことのある方は既にご存知かもしれませんが、伊勢神宮には多くの神社にあるものがなかったりします。その代表的なものとして、賽銭箱やおみくじなどがあります。伊勢神宮は、古くは「私幣禁断(しへい)」と言い、皇室の弥栄や国家の安泰を祈る場所であるため、天皇以外の供物は許されませんでした。現在も内宮・外宮の正宮には、いわゆる「賽銭箱」というものは設けられていません。また、おみくじも国の祭政に関する重要な事項を決める際に、神の意志を伺うために行ってきた占いが起源とされており、神宮では個人的な吉凶を占うことがはばかられてきたとも言われています。他にも、狛犬や鈴がないなど、さまざまな違いがあります。こういった違いを発見し、歴史的背景を調べてみるのも面白いかもしれません。

④ **Tenno sends the Imperial Envoy to Jingu to dedicate textiles called *heihaku* for certain important rituals.**

直訳：天皇は特定の重要な儀式に幣帛と呼ばれる織物を奉納するために神宮へと皇帝の使者を送る。

解説：伊勢神宮の恒例祭では祈年祭、月次祭、神嘗祭、新嘗祭に、皇室から幣帛(へいはく)の奉納があり、月次祭を除く祭りには勅使が遣わされます。また遷宮祭には勅使だけでなく、今では皇族の代表も参列しています。

直訳してみると

　2,000年前に伊勢で天照大御神を祀って以来ずっと、神宮の聖職者は儀式を行って平和な世界のために祈ってきました。これらの儀式と式典は、天照大御神の直接的な子孫である天皇彼自身の指示の下に行われています。従って、神宮で行われる儀式は、皇帝の儀式と呼ばれる場合があります。

　神宮における祭りは三つのグループの中に分類されることができます。一つ目は、例えば10月の神嘗祭や6月と12月の月次祭など、日毎や年毎に定期的に行った儀式を含みます。二つ目は、皇族、国家、または神宮の利益のために特別な機会に行われる例外的な儀式です。三つ目は、20年毎に行われる遷宮のための儀式です。

　天皇は特定の重要な儀式に幣帛と呼ばれる織物を奉納するために神宮へと皇帝の使者を送ります。いくらかの儀式は神楽と呼ばれる神聖な舞踊と音楽を特色とします。

翻訳は次ページ

翻 訳

神宮の祭 -1

　およそ2,000年前に天照大御神が伊勢の地に鎮座して以来ずっと、神宮の神職らは祭儀を執り行い、世の中が平和であるよう祈ってきました。それらの儀式や行事は、天照大御神の直系子孫である天皇陛下御自身の意志を受けて行われています。従って、神宮で行われている祭祀は天皇の祭祀であるとも言えるのです。

　神宮の祭りは三つに分類することができます。一つ目は、10月の神嘗祭や6月と12月の月次祭など、毎日あるいは毎年のように定期的に行われる祭祀です。二つ目は、皇族や国家、神宮などのため、特別な機会に行われる臨時の祭祀です。そして三つ目が、20年毎に行われる遷宮となります。

　いくつかの重要な祭りには、天皇が神宮に勅使を差遣し、幣帛と呼ばれる織物を奉納します。またいくつかの祭儀においては、神楽と呼ばれる神聖な歌舞音曲が奏されます。

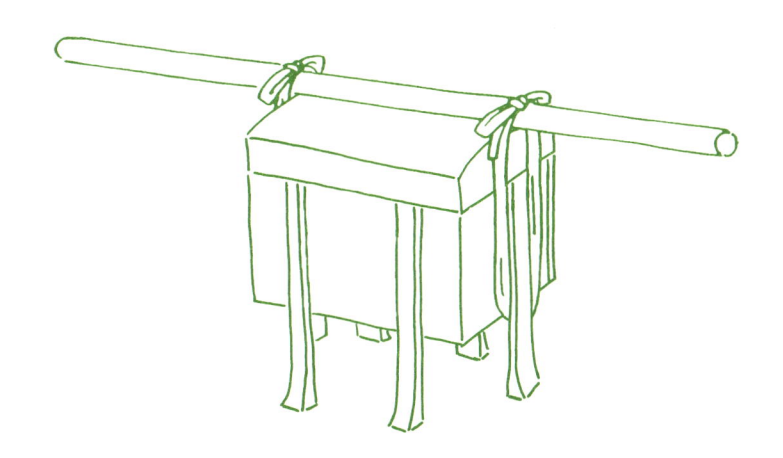

10 Matsuri at Jingu -2

Annual rituals are based on the cycle of rice cultivation, the staple food of the Japanese. The most important ceremony of the year is Kanname-sai, during which [5]Jingu priests offer the first rice of the year harvested in Jingu and dedicate a prayer of gratitude to Amaterasu-Omikami for presenting the first rice to the terrestrial world through her grandson.

At Kanname-sai, [6]an ear of new rice grown by the Tenno is also dedicated to the *kami*. Furthermore, [7]ears of new rice collected from rice farmers throughout the country are hung along the fence of the main sanctuary.

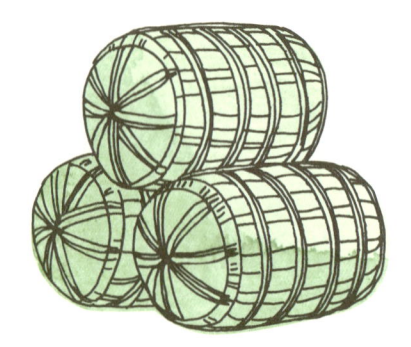

語句の解説

cultivation 名 作物の栽培 ／ staple 形 主要な、中心的な ／ furthermore 副 さらに、その上に ／ hang 動 かける、つるす ／ fence 名 垣、垣根

Matsuri at Jingu -2

解　説

⑤ Jingu priests offer the first rice of the year harvested in Jingu

直訳：神宮の聖職者たちは神宮でその年に収穫した最初の米を供える

解説：伊勢神宮には、約30,000平方メートルの「神宮神田」があり、そこで穫れた米は、神嘗祭を始めとする神宮の祭典で大御神に奉られます。

⑥ an ear of new rice grown by the Tenno

直訳：天皇によって育てられた新しい米の穂

解説：現在の皇居には水田があり、天皇陛下はみずからその水田で稲を育てられています。神嘗祭ではその稲穂が伊勢神宮の天照大御神へと奉られます。

⑦ ears of new rice collected from rice farmers throughout the country are hung along the fence of the main sanctuary

直訳：国中の米農家から集めた新しい米の穂は、主要な聖域の垣根に沿ってかけられる

解説：神嘗祭では、全国の農家からの刈穂も献納されます。これを懸税(かけちから)と呼び、正宮の正殿を中心に瑞垣(みずがき)・内玉垣(とのたまがき)・外玉垣・板垣と4重になった御垣の中でも、2番目の内玉垣にこの刈穂がかけられます。

　なお『SOUL of JAPAN』では、宗教施設などの神聖な場所を意味するsanctuaryにmainを付けて、「正宮」の意味で用いています。

直訳してみると

　年毎の儀式は、日本人の主食である米の栽培の周期に基礎付けられています。一年の最も重要な式典は神嘗祭で、その間神宮の聖職者たちは神宮でその年に収穫した最初の米を供え、そして彼女の孫を通じて地上の世界に最初の米が贈られたことに対する天照大御神への感謝の祈りを捧げます。

　神嘗祭では、天皇によって育てられた新しい米の穂もまた神へ捧げられます。その上、国中の米農家から集めた新しい米の穂は、主要な聖域の垣根に沿ってかけられます。

翻訳は次ページ

翻 訳

神宮の祭-2

　定例の祭儀は、日本人の主食である米の栽培周期に基づいています。一年の中でもとりわけ重要な祭りである神嘗祭では、神宮の神職らは神宮で収穫されたその年最初の米を供え、皇孫を通じて地上世界に稲穂を授けられた天照大御神に感謝の祈りを捧げるのです。

　神嘗祭では、天皇が手ずから育てられた初穂も神へと奉られ、さらに全国の農家らが献納した新穀の稲穂も正宮の内玉垣にかけられます。

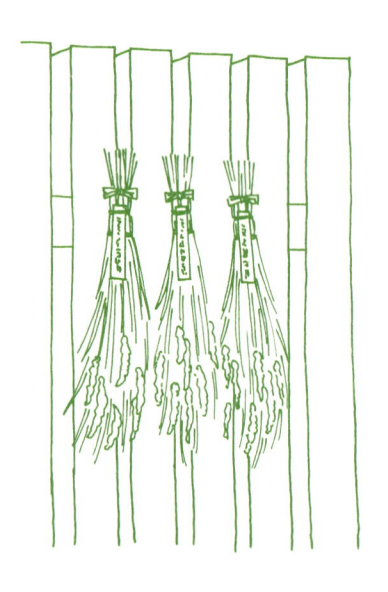

神棚について説明しましょう

🏠 How to enshrine *kami* at a household altar
家庭での神棚について、下記の例文を参考に説明してみましょう。

The Japanese also worship *kami* at home by enshrining *ofuda*, a symbol of *kami*, at a household altar known as *kamidana*. The following is one of the traditional ways to enshrine *ofuda*.

日本ではそれぞれの家庭でも神棚でお札を祀り、神を敬ってきました。下記はお札を祀る際の伝統的な方法のひとつです。

Center : *Ofuda* of Amaterasu-Omikami at Ise-Jingu, also known as *Jingu-Taima*
中央：伊勢神宮の天照大御神のお札

Right : *Ofuda* of a local guardian *kami*
右：氏神神社のお札

Left : *Ofuda* of a *kami* that household specially worships
左：崇敬する神社のお札

11 Shikinen Sengu -1

①Adjacent to the main sanctuary where the sacred palace of Amaterasu-Omikami stands, is a site of exactly the same size. A new building with the same dimensions as the current one is constructed at this alternate site every twenty years. ②The divine treasures to be placed inside the sacred palace are also remade. Once they are prepared, the sacred mirror, symbol of Amaterasu-Omikami, is moved to the new sanctuary by the Jingu priests. This ritual is called Shikinen Sengu. ③It is carried out at Geku and other jinja as well.

④ The first Shikinen Sengu was conducted 1,300 years ago. Although the Shikinen Sengu tradition has been temporarily suspended at times due to warfare in the 15th and 16th centuries, it has continued to be an important part of Jingu to the present day.

Shikinen Sengu involves thirty-two rituals and ceremonies ⑤beginning with the ritual cutting of the first trees for the new buildings, and continuing until the transfer of the sacred mirror eight years later.

語句の解説

adjacent 形 隣接した、面する ／ dimension 名 大きさ、規模 ／ current 形 今の、現時の ／ construct 動 組み立てる、建設する ／ alternate 形 交互に起こる、交替の ／ prepare 動 準備する、用意する ／ carry out 熟 実行する ／ as well 熟 同様に ／ temporarily 副 一時的に ／ suspend 動 一時中断する、延期する

解 説

① **Adjacent to the main sanctuary where the sacred palace of Amaterasu-Omikami stands, is a site of exactly the same size.**

直訳：天照大御神の神聖な宮殿が立っている主な聖域に隣接して、正確に同じサイズの敷地がある。

解説：伊勢神宮の正宮や別宮の隣には、遷宮前に社殿が建っていた土地ということで「古殿地」（遷宮の諸祭が始まってからは、新しく社殿が建てられる土地ということで「新御敷地」）と呼ばれる敷地があります。

② **The divine treasures to be placed inside the sacred palace are also remade.**

直訳：神聖な宮殿の中に置かれる神の宝物もまた作り直される。

解説：式年遷宮では社殿の他、大御神の服飾品や日常具などの御装束・神宝も20年毎に新調されます。御装束とは衣服や殿内を飾る御料の総称で、神宝とは金工や漆工などの調度の品々のことです。『SOUL of JAPAN』では両方をまとめてthe divine treasuresと書いています。違いを説明する場合、御装束はinteriorやapparel、神宝はfurnishingsなどが比較的近いでしょう。もっとも、その単語の表す区分が日英で異なるので、対訳とはならないことに注意が必要です。

③ **It is carried out at Geku and other jinja as well.**

直訳：それは外宮や他の神社でも同様に実行される。

解説：御神体が新宮へ渡る式年遷宮「遷御の儀」は、内外両宮の他、両宮それぞれの第一別宮である荒祭宮と多賀宮、またそれらに次いで尊い宮である12の各別宮でも斎行されます。『SOUL of JAPAN』では説明を簡潔にするため、別宮はother jinjaと書いています。なお、他の109座の宮社についても、修理・造替が行われます。

④ **The first Shikinen Sengu was conducted 1,300 years ago.**

直訳：最初の式年遷宮は1,300年前に行われた。

解説：第1回の神宮式年遷宮は、第40代天武天皇が発意して次代の持統天皇4年（690）に行われました。

About Shinto

「式年遷宮」のいろいろ

伊勢神宮の祭りとして有名な「式年遷宮」ですが、実は神宮だけのものではなく、多くの神社でも定められた年（式年）に遷宮（または遷座）を行っています。もっとも、その方法は必ずしも伊勢神宮と同じではありません。本殿が国宝指定される出雲大社では、一旦祭神を仮殿に定めた拝殿に遷し、本殿を修繕した後に戻し遷す「修造遷宮」という方法がとられました。また式年の年数も、伊勢神宮のおよそ20年毎の他、出雲大社の60年に1度、下鴨神社の21年に1度など、各神社で異なります。いずれも古くから行われていることのため、その「年数」の明確な理由はわかりませんが、清浄な社殿を保てる年限や、遷宮に必要な技術の伝承に適当な年数、穀物の備蓄年限など、さまざまな根拠が推測されています。

⑤ **beginning with the ritual cutting of the first trees for the new buildings**
　直訳：新しい建物のための最初の木を切る儀式を始めとして
　解説：式年遷宮の造営にあたって最初に行われる祭祀が、用材を伐採する御杣山(みそまやま)の入口で行う山口祭(やまぐちさい)と、新宮の床下に奉建する心御柱(しんのみはしら)の料木を伐採する際に行う木本祭(このもとさい)です。ここから遷宮の諸祭が始まります。

直訳してみると

　天照大御神の神聖な宮殿が立っている主な聖域に隣接して、正確に同じサイズの敷地があります。現在のものと同じ規模の新しい建物が、この代替地に20年毎に建設されます。神聖な宮殿の中に置かれる神の宝物もまた作り直されます。一旦それらが準備されれば、天照大御神の象徴である神聖な鏡は神宮の聖職者らによって新しい聖域に動かされます。この儀式は式年遷宮と呼ばれています。それは外宮や他の神社でも同様に実行されます。

　最初の式年遷宮は1,300年前に行われました。式年遷宮の伝統は15世紀と16世紀における戦争のために時々一時的に延期されてきたとはいえ、それは現在の日まで神宮の重要な部分として続けられてきました。

　式年遷宮は新しい建物のための最初の木を切る儀式を始め、8年後の神聖な鏡の移動まで続く32の儀式と式典を伴います。

翻訳は次ページ

| 翻 訳

式年遷宮-1

　天照大御神の神殿である正宮の御敷地には、全く同じ広さの敷地が隣接しています。20年に1度、現在のものと変わらない規模の新宮が交互にこの用地に新造され、さらに殿内に安置される御装束や神宝もまた新調されます。それらが整うと、天照大御神の御神体である御鏡が神宮の神職らによって新殿に遷されます。この祭りが式年遷宮です。これは外宮や別宮でも同様に行われます。

　第1回の式年遷宮が執り行われたのは、1,300年ほど前のことです。式年遷宮の伝統は15世紀から16世紀にかけての戦国時代に一時的に中断されたことがありましたが、神宮の重要な祭儀として現代にまで受け継がれています。

　式年遷宮は、新しい社殿に用いる最初の木を伐り出す祭りを皮切りに、その8年後の御鏡の渡御に至るまで、32の諸祭・行事が行われます。

11 Shikinen Sengu -2

⁶Wood is central to Japanese civilization. The concepts of ⁷sustainability and reutilization, and the maintenance of know-how and skills are considered more important than the actual physical existence of a structure or building. This is the essence of 'eternity' as it is expressed at Jingu, and the reason for choosing to build and rebuild dwellings for the *kami*, instead of permanent structures of stone.

To this day, we are able to participate in the same *matsuri* as performed by our ancestors and share a common spirituality with them ⁸through the cyclical re-enshrinement of Amaterasu-Omikami. Shikinen Sengu is a temporal and spatial return to origins that spans generations. It resonates in the souls of our ancestors, and is a gift to the future.

Shikinen Sengu plays one other very important role by enabling the transfer of our technical skill and spirit to the next generation. This transfer maintains both our architectural heritage, and over 1,000 years of artistic tradition involving the making of the divine treasures—including 714 different kinds of sacred objects. After Shikinen Sengu, the previous sanctuary building is disassembled and most of the timber is granted to other jinja across Japan to be reused. ⁹The main pillars that support the roof of the main sanctuary are traditionally reused for the sacred *torii* gate on Ujibashi Bridge at the entrance of Naiku.

語句の解説

civilization 名 文明、文化 ／ sustainability 名 持続可能性 ／ reutilization 名 再利用 ／ know-how 名 専門的知識、技術情報 ／ actual 形 実際の ／ existence 名 存在すること、実在 ／ eternity 名 永遠 ／ reason 名 理由、わけ、原因 ／ instead of 熟 〜の代わりに ／ common 形 共通の、共有の ／ cyclical 形 周期的な、循環の ／ re-enshrinement 名 祀り直し ／ temporal 形 時の、時間の ／ spatial 形 空間の ／ span 動 〜に及ぶ、広がる、わたる ／ resonate 動 鳴り響く、共鳴する ／ enable 動 〜することを可能にさせる ／ architectural 形 建築上の ／ disassemble 動 分解する、解体する ／ timber 名 材木、木材 ／ reuse 動 〜を再利用する ／ pillar 名 支柱

Shikinen Sengu -2

> 解 説

⑥ **Wood is central to Japanese civilization.**

直訳：木は日本の文明の中心である。

解説：前出の通りwoodは木材を意味します。類語のtimberやlumberが板材や角材に製材した木材であるのに対し、woodは伐り出した木の樹皮を剥いて建築等の用途に整えた材木のことです。ここでは木造建築などの木を利用した文化について述べているので、woodが用いられています。

⑦ **sustainability and reutilization**

直訳：持続可能性や再利用

解説：sustainabilityは「持続可能な開発（sustainable development）」など環境保全に関わる分野を中心に使われている用語で、近年では企業経営などさまざまな場面で用いられています。
またreutilizationはこれまであったものをもう一度利用するという意味であり、似た言葉のrecycleは、処理の後に新たな原料として利用する「再資源化」の意味となります。

⑧ **through the cyclical re-enshrinement of Amaterasu-Omikami**

直訳：天照大御神の周期的な祀り直しを通して

解説：re-enshrinementは直訳すると、さらなる（re）安置（enshrinement）という意味になりますが、神道に関して英語で言及している場合、多くは分霊の勧請のことを述べる際に用いられます。本書では文脈から「御遷座」と翻訳しています。

⑨ **The main pillars that support the roof of the main sanctuary are traditionally reused for the sacred *torii* gate on Ujibashi Bridge at the entrance of Naiku.**

　直訳：主な聖域の屋根を支える主な支柱は、内宮の入口における宇治橋の神聖な鳥居の門のために、伝統的に再利用される。

　解説：神宮の建築様式である「唯一神明造(しんめいづくり)」では、側面中央の壁の外に飛び出した柱が棟にまで達しており、これを棟持柱(むなもちばしら)と呼びます。内宮入口の宇治橋の鳥居は、式年遷宮で解体された正宮のこの柱の古材から作ることを慣例としています。

直訳してみると 😟❓

　木は日本の文明の中心です。持続可能性や再利用と、ノウハウや技術の維持の概念は、構造や建築の実際の物質的な存在より重要であるとみなされます。これは神宮においてそれが表現されているように「永遠」の本質であり、そして石の永久的な建物の代わりに、神への住居を建てたり建て替えたりするのを選ぶ理由です。

　この日まで、私たちは私たちの先祖らによって行ったのと同様な同じ祭りに参加し、天照大御神の周期的な祀り直しを通じて彼らと共通の精神性を共有することができます。式年遷宮は世代に広がる時間と空間の起源への回帰です。それは私たちの祖先らの魂に鳴り響き、そして未来への贈り物です。

　式年遷宮は私たちの技巧と精神を次世代へ渡すことを可能にすることによってもうひとつ別のとても重要な役割を果たしています。この伝承は私たちの建築上の遺産のみならず、714の異なった種類の神聖な物を含む神の宝物の作り方に関わる1,000年以上の芸術的な伝統も維持します。式年遷宮の後、以前の聖域の建物は解体されて、そして木材の大部分は再利用されるために日本中の他の神社に与えられます。主な聖域の屋根を支える主な支柱は、内宮の入口における宇治橋の神聖な鳥居の門のために、伝統的に再利用されます。

翻訳は次ページ ▶

翻 訳

式年遷宮-2

　木は日本文化の中心をなしてきました。持続性や再利用の概念、さらには知識や技術の伝承という考え方は、建物が実際に物理的に存在することよりも重きが置かれているのです。これこそが、神宮が体現する「永続性」の本質であり、石造りの恒久的な建築物ではなく、神の住まいを建て替えてゆくことが選ばれた理由です。

　今でも、定期的に繰り返される天照大御神の御遷座を通じて、私たちは祖先の行っていた祭りと同じ祭りに関わり、相通じる精神を分かち合うことができます。式年遷宮では、世代を超えて時間も空間も始まりへと帰り、祖先の心と響き合って未来へと継承されてゆくのです。

　式年遷宮はもうひとつ、私たちの技と心を次世代へ伝承させてゆくことを可能にするという、非常に重要な役割を果たしています。この継承は建築技術の伝承のみならず、714種の御装束・神宝の調製に関わる1,000年以上にも及ぶ美術の伝統をも維持しているのです。遷宮後は、古い御殿は解体され、その大部分の木材は日本全国のその他の神社へと譲与されるなどして再利用されます。また正宮の屋根を支えていた棟持柱は慣例として、内宮入口にかかる宇治橋の鳥居として再利用されています。

文法解説

関係代名詞

関係代名詞は文と文を繋ぐ接続詞の役割を持ち、その直前にある名詞（先行詞）を説明する機能があります。先行詞の種類によって用いられる関係代名詞が異なります。

例 This is a jinja. + The jinja was built 500 years ago.
こちらは神社です。この神社は500年前に創建されました。
= This is a jinja which was built 500 years ago.
　　　　　　　先行詞　関係代名詞
こちらは500年前に創建された神社です。

関係代名詞には以下のような単語が使われます。

主格	所有格	目的格	先行詞
who	whose	whom	人
which	whose	which	動物・もの・こと
that	-	that	人・動物・もの・こと
what	-	what	先行詞を兼ねる

1. who

whoは先行詞が人を指す単語の場合に用いられ、関係代名詞節の中で「〜は、が」のように主語の働きをする場合に使います。

例 The man who offered *norito* is my boss.
祝詞を奏上している男性は私の上司です。

本文 Individuals who have made a great contribution to the state or society may also be enshrined and revered as *kami*. (16ページ)
国家や社会に対し大変な貢献を果たした個人も、神として祀られ崇められます。

2. whose

whoseは、先行詞が人・動物・もの・こと全ての場合に用いられ、関係代名詞節の中で「〜の」のように所有を表す時に使います。

例 I have a friend whose father is a Shinto priest.
父親が神職をしている友達がいます。

本文 The first Amaterasu-Omikami, whose name is a title literally meaning "great *kami* who lights the heavens", (44ページ)
長子の天照大御神は、そのお名前が示す通り「天を照らす偉大なる神」を意味し、・・・

3. whom

whomは、先行詞が人を表す単語の場合に用いられ、関係代名詞節の中で「～に、～を」のように目的を表す意味で使います。

> 例 **She is <u>a woman</u> whom I met at jinja office yesterday.**
> 彼女は私が昨日、社務所で会った女性です。

4. which

whichは、先行詞が人以外の場合に用いられ、関係代名詞節の中で「～は、が」のように主語の働きをする場合や関係代名詞節の中で「～に、～を」のように目的を表す意味で使います。

> 例 **The <u>good health charm</u> which I have is popular in my hometown.**
> 私が持っている健康守りは地元で有名です。

> 本文 **This is mentioned in <u>records</u> from the 8th century which tell the story of the Divine Age before written history began,** (20ページ)
> これは有史以前の神代の物語を綴った8世紀の歴史書にも記されており、…

5. that

thatは、先行詞が人とものどちらでも使え、関係代名詞節の中で主語や目的語の役目をします。ただし所有の形では使えません。

> 例 **The man is holding <u>a branch</u> that is used for worshipping.**
> その男性は拝礼の際に使う木の枝を持っています。

> 本文 **Even the smallest animals can bring harm—<u>the mouse</u> that eats our grain and carries disease, and <u>the locust</u> that devastates our crops.** (20ページ)
> 穀物を食い荒らしたり病気を運んできたりするネズミや、作物を食い荒らすイナゴのように、ごく小さな動物でさえ損害をもたらします。

6. what

whatには先行詞が含まれているので、what自体を主語や目的語にすることができます。

> 例 **You can ask what you want.**
> あなたは好きなことをお願いできます。

文法解説

関係代名詞の省略

関係代名詞は、以下の条件のとき、省略することができます。

1. 関係代名詞が目的格のとき

関係代名詞が目的格 (whom, which, that) のときは、関係代名詞を省略することができます。

例 These are books which I bought to study about Shinto.
= These are books I bought to study about Shinto.
これらは私が神道について勉強するために買った本です。

本文 the New Year's Day visit (that) Japanese pay to Shinto shrine to wish for good luck (8ページ)
日本人が一年の幸福を祈願する初詣・・・

2. 関係代名詞の次にbe動詞が続くとき

関係代名詞が主格 (who, which, that, what) で、その次にbe動詞などが続くときは、関係代名詞とbe動詞ともに省略することができます。

例 *Tamagushi* is a sacred sprig of evergreen tree (which is / that is) offered to the *kami*.
玉串は祭典中に神に捧げる神聖な常緑樹の小枝です。

本文 They may be worshipped anywhere, but many people visit Shinto shrines, (which are / that are) called *jinja*, to pray. (8ページ)
神を信仰する場所はどこでも構いませんが、多くの人々は神社を訪れて祈ります。

関係代名詞の制限用法と非制限用法

関係代名詞には、先行詞の状態や性質などを説明する制限用法と、先行詞を補足的 (and, but, forなどの接続詞的な意味) に説明する非制限用法があります。非制限用法の場合は、関係代名詞の前にコンマが付けられ、翻訳の際にはコンマの前までを先に訳します。

補足的な説明を大別すると、順接 (そして ＝ and)、逆説 (しかし ＝ but)、理由付け (だから ＝ for) 等があります。

1. 単語自体を先行詞とする場合

制限用法や非制限用法でも、基本的には単語単位で関係代名詞の先行詞になります。

例 (制限用法)

Chris is an overseas student who likes jinja.
クリスは神社が好きな留学生です。

(非制限用法)

Chris is an overseas student, who likes jinja.
クリスは留学生で、神社が好きです。

この例文では、制限用法でクリスが特に「神社が好きな」留学生ということを強調しているのに対し、非制限用法では、クリスは留学生ということに加え、追加情報として神社が好きだということを説明しています。

2. 句や節を先行詞とする場合

非制限用法の関係代名詞では、先行詞は単語だけではなく、句や節も先行詞となります。

例 (非制限用法)

I am a Shinto priest, which my parents are not.
私は神職ですが、両親はそうではありません。

例 (制限用法)

I have a study achievement charm which is popular among my classmates.
私はクラスの皆がよく知っている「学業成就」のお守りを持っています。

(非制限用法)

I have a study achievement charm, which is popular among my classmates.
私が「学業成就」のお守りを持っていることは、クラスの皆がよく知っています。

文法解説

分詞構文

分詞構文は主節と従属節から成る構文を、分詞を用いてひとつの文にまとめる機能があります。その際、接続詞と主語を省略し従属節を簡潔にすることで、素早く情報を伝えることができます。話し言葉よりも書き言葉で使われることが多い表現です。

分詞構文の作り方は、以下の通りです。

1. 主節はそのままにしておき、二節間の接続詞（例ではWhen）を取り除きます。
2. 従属節の動詞（paid）を分詞（Paying）に換えます。
3. 従属節の主語が主節の主語と同一であれば、これを省略します。

例 **When I paid a visit to a jinja, I drew a fortune slip.**
　　　　従属節　　　　　　　　　　主節
= **Paying a visit to a jinja, I drew a fortune slip.**
　　　分詞構文
私は神社に参拝して、おみくじを引きました。

つまり分詞構文は、ひとつの分詞で「接続詞＋主語＋動詞」の意味を表すことができます。

分詞構文の文中での位置

1. **主節の前に置く場合**
分詞構文の動作が主節の動作よりも先に起こったことを示すとき

    例 **Purifying (= After the chief priest purified) the worshipers, the chief priest of the jinja recited a *norito*.**
    宮司は参拝者をお祓いしてから、祝詞を奏上しました。

    本文 **Landing (= After Ninigi-no-mikoto landed) on the island of Kyushu, Ninigi-no-mikoto built his palace and there began the establishment of the nation of Japan.** (56ページ)
    高千穂（現在の九州）に降臨した邇邇芸命は御殿を建てると、日本の国の創建に取り掛かりました。

本文 **Bereft (=When the celestial and terrestrial world are bereft)** of Amaterasu-Omikami's natural brilliance, the celestial and terrestrial world become dark and gloomy, (48ページ)
すると大御神の生来の輝きはこの世から失われ、天も地も暗く陰鬱な世界となってしまい、・・・

受け身の文の際は、分詞は過去分詞を使用します。

また、主語の後に分詞構文を置くこともできます。その際はコンマによって区切ります。

例 The parishioner, **passing (= After the parishioner passed)** through a *torii*, visited the hall of worship.
氏子は鳥居をくぐって拝殿を訪れました。

本文 Susano'o-no-kami, **regretting (= Because Susano'o-no-kami regrets)** his mischief, descends to earth and slays the Yamata-no-orochi, a monstrous, eight-headed serpent, **freeing(= and he frees)** many from its devastation. (48ページ)
自身の悪行を悔いた須佐之男命は地上へ降りると、巨大で八つの頭を持った大蛇ヤマタノオロチを退治して、その惨状から数多の人々を救い出します。

2. 主節の後に置く場合
分詞構文の動作が主節の動作と同時かその後に起こったことを示すとき

例 The parish representative made a bow to *kami* in the main sanctuary, **offering (= and he offered)** *tamagushi* to *kami*.
氏子総代は本殿で一礼した後、玉串を捧げました。

本文 Many people visit Shinto shrines, called *jinja*, to pray, **cleansing (= and they cleanse)** their hands and mouth at the entrance to purify the body and mind. (8ページ)
多くの人々は神社と呼ばれる場所に祈るために訪れ、心身を清めるために入口で手や口を漱ぎます。

単語索引

A
- abandon：捨てる、放棄する …… P.44
- abundant：豊富な、豊かな …… P.68
- accpet：受ける、受け入れる …… P.12
- achievement：業績 …… P.32
- actual：実際の …… P.84
- adjacent：隣接した、面する …… P.80
- admonish：忠告する、警告する …… P.44
- alternate：交互に起こる、交替の …… P.80
- among：〜の中に、間に …… P.44
- ancestor：先祖、祖先 …… P.8
- ancient：古代の、大昔の …… P.8
- annual：1年の、例年の …… P.72
- appease：なだめる、譲歩する …… P.20
- appreciation：感謝 …… P.36
- appropriate：適切な …… P.64
- architectural：建築上の …… P.84
- arise：起こる …… P.32
- as well：同様に …… P.80
- ascend：登る、上がる …… P.44
- aspect：様子、側面 …… P.12
- assist：助ける、手伝う …… P.56
- associate：結び付ける、関連づける …… P.44

B
- bank：土手、川岸 …… P.64
- basis（単：base）：土台、基礎 …… P.20
- bear：耐える …… P.48
- benefit：利益 …… P.72
- bereft（原形 bereave）：〜を失わせる …… P.48
- birth：出生、誕生 …… P.44
- bless：祝福する、恵みを与える …… P.68
- blessing：祝福、恩恵 …… P.12
- bond：絆、つながり …… P.28
- boulder：大きな岩 …… P.24
- bountiful：豊富な …… P.24
- bounty：恵み …… P.12
- brief：短い、簡素な …… P.40
- brilliance：輝き …… P.48

C
- calendrical：暦上の …… P.24
- capital：首都 …… P.56
- carry out：実行する …… P.80
- cause：原因になる …… P.20
- cave：洞窟 …… P.48
- celestial：天の …… P.44
- center：中心にする …… P.60
- certain：特定の …… P.40
- character：性質 …… P.56
- choose：選ぶ …… P.56
- civilization：文明、文化 …… P.84
- cleanse：洗う …… P.8
- cloth, food and shelter：衣食住 …… P.68
- coax：引き出す …… P.48
- code：規則 …… P.40
- collectively：集合的に …… P.24
- comfort：快適さ …… P.20
- commemorative：記念となる …… P.36
- common：共通の、共有の …… P.84
- commune with：〜と語り合う、心を通わせる …… P.24
- companionship：仲間 …… P.68
- compile：編纂する …… P.40
- comprise：〜を構成する …… P.52
- concern：〜に関係する …… P.40
- conduct：行う、指揮する …… P.28
- confusion：混乱 …… P.48
- consider：〜だと考える …… P.52
- consideration：考慮 …… P.20
- construct：組み立てる、建設する …… P.80
- contribution：貢献、寄与 …… P.16
- cooperative：協同の、協力的な …… P.20
- correspond to：〜に相当する …… P.8
- courtyard：建物や塀などで囲まれた場所、中庭 …… P.32
- crop：作物 …… P.20
- cultivation：作物の栽培 …… P.76
- current：今の、現時の …… P.80
- custom：習慣、風習 …… P.28
- cycle：周期 …… P.24
- cyclical：周期的な、循環の …… P.84

D
- decide：決心する、決める …… P.64
- decorate：飾る、装飾する …… P.48
- dedicate：捧げる …… P.28
- define：定義する …… P.12
- deity：神、神霊 …… P.8
- derive：〜に由来する …… P.16
- descend：降りる …… P.48
- descendant：子孫、末裔 …… P.44
- despite：〜にもかかわらず …… P.44
- destruction：破壊 …… P.20
- devastate：荒らす、荒廃させる …… P.20
- devastation：荒廃、廃墟 …… P.48
- dimension：大きさ、規模 …… P.80
- direct：直接の …… P.72
- direction：指導、指示 …… P.72
- disassemble：分解する、解体する …… P.84
- disaster：災害 …… P.64
- discover：発見する …… P.48
- discuss：話し合う、議論する …… P.48
- disease：病気 …… P.20
- distinguished：すぐれた、名高い …… P.56
- divide：分ける、分類する …… P.72
- divine：神の、神聖な …… P.16
- doctrine：教理 …… P.12
- dogma：教義 …… P.12
- drought：旱魃 …… P.20
- duty：義務、職務 …… P.44
- dwelling：住居 …… P.32

E
- ear：（稲や麦などの）穂 …… P.56
- emphasis：重要視 …… P.20
- enable：〜することを可能にさせる …… P.84
- endow：授ける、賦与する …… P.52
- enshrine：祀る …… P.16
- ensure：保証する …… P.56
- enthrone：王位につかせる …… P.56
- epidemic：伝染病 …… P.64
- essential：不可欠の、きわめて重要な …… P.40
- establishment：設立 …… P.56
- eternity：永遠 …… P.84
- even：〜でさえ …… P.20
- eventually：ついに …… P.48
- ever since：〜以来ずっと …… P.72
- exceptional：例外的な、特別な …… P.72
- exert：及ぼす …… P.12
- exist：存在する …… P.32
- existence：存在すること、実在 …… P.84
- express：表す、表現する …… P.16

F
- faith：信仰 …… P.8
- famine：飢饉 …… P.20
- fashion：形作る、創り出す …… P.48
- feature：特色をなす …… P.72
- fence：垣、垣根 …… P.76
- festive：陽気な …… P.28
- figure：人物 …… P.32
- following：次に来る …… P.40
- former：前の …… P.28
- formerly：former（前の）の副詞形 …… P.64
- foundation：土台、基礎 …… P.8
- founder：創設者、開祖 …… P.12
- free：自由にする、解放する …… P.48
- further：それ以上に、さらに …… P.20
- furthermore：さらに、その上に …… P.76

G
- gather：集まる …… P.20
- gloomy：憂鬱な、陰気な …… P.48
- grain：穀物 …… P.20
- grant：与える …… P.56
- gratitude：感謝の気持ち …… P.12
- grave：重大な …… P.48
- grief：深い悲しみ …… P.20
- guardian：保護者、守護者 …… P.8

H
- handle：扱う …… P.36
- hang：かける、つるす …… P.76
- harbinger：前触れ …… P.20
- harm：損害、危害 …… P.20
- harmonious：調和のとれた …… P.12
- harvest：収穫 …… P.24
- heritage：遺産、伝統 …… P.12
- hide：隠す …… P.48
- hold：開催する …… P.24
- honesty：正直さ …… P.12
- honor：敬う、崇める …… P.12

I
- Imperial Envoy：勅使 …… P.72
- Imperial Household：皇室 …… P.52
- Imperial Palace：皇居 …… P.52
- Imperial Regalia：皇位の象徴 …… P.52
- in accordance with：〜に則って …… P.68
- in order to：〜するために …… P.24
- in perpetuity：永久に …… P.32

include：含む P.60	personality：個性、性格、人格 P.40	serpent：(大型の) 蛇 P.48
indigenous：固有の、土着の P.8	physically：物理的に、身体的に P.36	several：いくつかの P.56
individual：個人 P.16	pillar：支柱 P.84	severity：厳しさ P.20
infuse：満たす P.36	place：置く P.12	shape：形作る P.12
inherit：相続する、受け継ぐ P.52	plain：平原 P.44	shrine：聖堂、廟 P.8
instead of：〜の代わりに P.84	practice：慣習 P.32	site：場所 P.56
instruct：教える、指示する P.52	pray：祈る P.8	slay：殺す P.48
integral：不可欠な、必須の P.8	prefecture：県 P.68	solemn：厳粛な P.28
intrigue：興味をそそる P.48	prepare：準備する、用意する P.80	solidarity：団結、結束 P.28
involve：伴う、必要とする P.28	present：現在 P.12	solve：解決する P.20
	priesthood：(集合体としての) 聖職者 P.36	some：およそ P.68
J	procession：行列、行進 P.28	span：〜に及ぶ、広がる、わたる P.84
jewel：宝石、装身具 P.48	proclaim：宣言する P.56	spatial：空間の P.84
	profound：深い、深遠な P.16	staple：主要な、中心的な P.76
K	proper：適した、正式な P.40	state：国家、政府 P.16
know-how：専門的知識、技術情報 P.84	properly：適切に P.44	strengthen：強くする P.28
	prosperity：繁栄 P.24	structure：建物 P.32
L	provide：供給する P.24	summary：要約、概略 P.40
lack：欠いている P.40	provider：供給する人 P.68	summon：呼び寄せる、召喚する P.32
land：上陸する、着陸する P.56	purify：汚れを取り除く P.8	surround：囲む P.36
last：続く P.56	purity：清らかさ P.12	suspend：一時中断する、延期する P.80
later：後の P.56		sustainability：持続可能性 P.84
latter：後の P.28	**Q**	sustenance：食物 P.56
lineage：血族、血統 P.56	quite：かなり P.28	symbolize：〜を象徴する P.52
literally：文字通り P.44		
lively：活気に満ちた P.28	**R**	**T**
locust：イナゴ、バッタ P.20	rage：怒り、猛威 P.12	tail：尾 P.48
look after：世話をする P.56	raucous：賑やかな、騒々しい P.28	tale：話、物語 P.40
	reason：理由、わけ、原因 P.84	task：仕事、任務 P.52
M	re-enshrinement：祀り直し P.84	temporal：時の、時間の P.84
maintain：維持する P.12	refer：参照する、当てはまる、呼ぶ P.28, 72	temporarily：一時的に P.80
make offering：お供えをする P.24	reflect：よく考える P.36	tend：世話をする P.44
mention：〜について書く、言及する P.20	refuge：避難 P.48	terrestrial：地上の、陸上の P.48
merriment：陽気な賑わい P.48	regard：〜とみなす P.32	textile：織物 P.72
mischief：いたずら、損害 P.44	regret：後悔する、悔いる P.48	throughout：〜を通じて P.36
monstrous：巨大な P.48	regularly：規則正しく、定期的に P.72	thus：したがって、だから P.64
myriad：無数の P.8	rejuvenate：元気を回復させる P.28	tidal wave：高波、高潮 P.20
	relate：話す、物語る P.40	tie：結ぶ、結び付ける P.24
N	remain：〜のままである P.28	timber：材木、木材 P.84
name：名前を挙げる P.40	renew：新しくする P.32	trace：たどる P.56
nation：国、国家 P.36	representative：代表者 P.28	tradition：伝統 P.56
	reside：住む P.8	transfer：移動させる P.28
O	resonate：鳴り響く、共鳴する P.84	treasure：宝物 P.52
observance：儀式 P.36	respectfully：慎んで、丁重に P.64	troublemaking：もめごと P.48
observe：(儀式などを) 行う、〜だと考える P.8, 20	rest：置く P.68	typically：主として、一般的に P.36
occasion：場合、出来事、行事 P.36	restore：回復する P.48	
officially：正式に P.60	reuse：〜を再利用する P.84	**U**
omnipotent Creator：全能の創造主 P.20	reutilization：再利用 P.84	unity：まとまり、調和 P.52
origin：起源 P.64	revelation：啓示、お告げ P.64	utilization：利用すること P.20
	revere：〜を崇拝する P.16	
P	reverence：尊敬、畏敬の念 P.12	**V**
pacify：なだめる、静める、平和な状態にする P.20, 52	ritual：儀式 P.24	various：さまざまな P.32
palace：宮殿 P.56	ritually：儀式的に P.28	venerable：尊い、貴ぶべき P.44
parch：からからに乾かす P.20	roughly：おおよそ P.60	virtue：美徳、徳目 P.12
parishioner：教区民 P.36		
participant：参加者 P.28	**S**	**W**
particularly：特に P.32	sacred：神聖な P.24	well-being：幸福、健康 P.36
peek：のぞく P.48	scent：匂わせる P.20	while：〜だけれども P.36
permanently：永久に P.64	search：捜す P.64	worship：崇拝する P.8
	seek：捜す P.64	
	seem：〜のように思われる P.28	**Y**
		yearly：例年の P.8

95

英語で伝える
日本のこころ　Basic Guide
SOUL of JAPAN　公式ガイドブック

平成 27 年 3 月 1 日　　　初版発行
平成 28 年 3 月 1 日　　　第 3 版発行

編　集　神社本庁
発　行　神社本庁
　　　　〒151-0053 東京都渋谷区代々木 1-1-2
　　　　電話：03-3379-8011(代表)　FAX：03-3379-8299

発　売　株式会社 悠光堂
　　　　〒150-0045 東京都中央区築地 6-4-5
　　　　シティスクエア築地 1103
　　　　電話：03-6264-0523　FAX：03-6264-0524

無断複製複写を禁じます。定価はカバーに表示してあります。
乱丁本・落丁本についてはお取替えいたします。

ISBN978-4-906873-77-7　C2080
©2016 Jinja Honcho Printed in Japan